전부, 버리면

나카노 요시히사 지음

김소영 옮김

무엇 하나 확실한 것 없는 격동의 시대.
개개인의 능력이 시험대에 놓이는 시대.
100세 인생을 대비해야 하는 시대.

나날이 흘러넘치는 방대한 정보에 발맞춰
기술이나 가치관도 새로이 업데이트해야 한다.

이제 과거 사례에 얽매여 있을 수는 없다.
'롤'모델도 없거니와
인생 계획도 세울 수 없다.

흔들림 없는 의견과 굳센 신념을 가지고
세상에 외쳐야 한다.
그러나 실적도 없고 경험도 없어 기가 죽는다.

앞이 보이지 않는 미래를 생각하면
머릿속은 불안감으로 가득 차서 점점 약해진다.

이런 시대에 살아남으려면
어떤 지식과
어떤 능력을 갖추어야 할까?

아무것도 필요 없습니다.
'전부, 버리면' 됩니다.

나카노 요시히사, 75세.
이세탄백화점, 스즈야에서
신규 사업을 일으키고
해외 진출에 성공.
그 후 타이완으로 건너가
재벌 대기업에서 경영자로 활약.
2011년에 데라다 창고의
대표이사 사장 겸 CEO에 취임.
대규모 개혁을 실시하여 노포 대기업을
기동력 넘치는 조직으로 변모시켰다.

그 솜씨와 창의적인 생각, 그리고 인품 덕분에
각계 인사들에게 존경을 받고 있다.
한편으로는 언론에 거의 모습을 드러내지 않아서
사원들조차 실존하는 인물인지 의심하던 이단아다.

그가 살아가는 삶의 뿌리에는 '무소유'가 있다.
집, 차, 시계는 갖지 않는다.
술이나 담배도 입에 대지 않는다.
돈도 젊은 시절부터 생활에 필요한
몫을 제외하고 전부 다 기부했다.

소유한 것이 없기 때문에
과거에 얽매이지 않고 미래를 고민하지도 않고
오늘을 소중히 여기며 살아갈 수 있다.

이 책은 나카노 씨의 이야기를 들으며 떠올린,
오늘을 긍정적으로 즐기면서 살기 위한 힌트를
짧은 말과 문장으로 정리해서 소개한다.

오늘을 살다

오늘만이 있다.
전부 다 시원하게 훌훌 털어버려라.

저는 무엇보다도 '오늘만이 있다.'
이 말을 꼭 하고 싶었습니다.
정보는 흘러넘치고,
장래 걱정하랴 주변 사람 걱정하랴
여념이 없는 시대에 살고 있으면
현재에 집중하기가 점점 어려워집니다.
그러나 사실 한 가지에 푹 빠져서
온전히 즐길 수 있는 순간은 지금뿐입니다.

지금 이 순간,
이곳에 존재하는 자신을 다시 한번 찬찬히 살펴보세요.

과거에 얽매이지도,
미래에 흔들리지도 말고
그 맛을 똑똑히 느낄 수 있는
오늘에 온 신경을 쏟아 최선을 다해 즐기세요.
그 결과는 언제가 됐든,
어떤 모습으로든 반드시 돌아올 것입니다.

내일 당장 지구가 멸망할지도 모르는데,
남에게 기댄다고 달라질 건 없습니다.
자신의 꽃봉오리를 활짝 피울 수 있는 건
오로지 자신뿐입니다.
이 세상 모든 일은 인과응보입니다.
미래를 만들어 내는 사람은 바로 오늘의 나지요.
오늘의 나를 가로막는 것들을 전부 훌훌 털어버리고
가벼운 마음으로 한번 걸어가 볼까요?

오늘 할 수 있는 일은 지금 당장 하라.
오늘이 마지막일 수도 있다.

저는 아침에 눈을 뜨면
바로 직원에게 전화를 걸어 지시를 내립니다.
일어나서 목욕하고 아침 먹고 기도까지 한 뒤
외출할 준비를 마치면,
다시 한번 전화를 겁니다.
"아침에 부탁한 일 했어?"

첫 전화를 하고 나서 두 시간 정도 사이에
얼마나 진행되었는지 묻습니다.
밖에 나가면 또 점심 즈음에
"어떻게 됐어?" 하고 묻습니다.

남들은 '성질 한번 급하네' 하고 생각할지 모르지만,
전 그렇게 생각하지 않습니다.

왜냐고요?
오늘이 마지막일지도 모르니까요.
내일이 온다는 희망은 당연히 가져야 하지만
백 퍼센트 내일이 오리라고 장담하면 안 됩니다.
저는 75년이 넘는 세월을 살아오면서
내일이 온다는 말을 절대적으로 믿어본 적이 없습니다.

오늘 할 수 있는 일은 오늘이 가기 전에 합시다.
지금 당장 합시다.
'뭐부터 해야 하지?' 고민할 필요 없습니다.
생각나는 대로 뭐든지 다 하면 후회할 일이 없습니다.

주변 눈치를 보지 않아도 좋다.
마음속에 있는
레지스탕스를 밀고 나가라.

무슨 대단한 일을 이루려고 하지 않아도 좋습니다.
마음속에 자연스레 생기는 '작은 레지스탕스'를
찾아냈다면 뚜껑을 덮어버리지만 마세요.
허탈한 감정을 느끼는 사람들에게는
이 말을 하고 싶습니다.

레지스탕스란 '저항'입니다.
문득 '내 생각은 다른데' 하고 느껴졌다면,
그 '찜찜한 마음'을 소중히 여기세요.
주변 사람들과 똑같이 행동해야 하는 전체주의,
동조주의는 위험합니다.

그런 압박감이 강하면 정말 위험에 빠졌을 때
스스로 판단해서 도망칠 수 없고,
다 같이 파멸의 길로 나아갈 위험도 높아집니다.
그러니 저항심이 싹텄다면 밀고 나가세요.

당연히 상대방의 레지스탕스도 존중해야 합니다.
의견에 반대하는 사람이 있으면
울컥 화가 날지도 모릅니다.
그러나 거기에 미래로 이어지는
가능성이 숨어 있습니다.
생각지도 못했던 방법을 얻을 수 있는
기회가 아닐까요?

타인의 평가는 마음에 담지 마라.
나 자신이 수긍할 수 있는가.

타인이 어떻게 생각하든 상관없습니다.
제 성격이 원래 그렇습니다.
젊은 시절부터 상대방이 상사든 선배든
'이런 말을 하면 날 안 좋게 생각하겠지?' 하는
걱정 때문에 입을 꾹 다문 적이 거의 없습니다.
겨우 몇 년 더 오래 산 선배와 제 생각에
하늘과 땅만큼 차이가 나겠는가 싶었거든요.

만골정신이라고나 할까.
그런 태도는 어렸을 때부터 변하지 않는 거예요.
초등학교 5학년 가을,

꿈에 그리던 야구 시합에 나갔던 일이

아직도 기억나네요.

점수가 크게 뒤지고 있던 상황에서

원아웃에 타석으로 들어섰는데,

감독이 번트 사인을 냈습니다.

하지만 '겨우 한 점 내서 뭐해?'라는

생각이 들어서 방망이를 휘둘렀습니다.

감독이 불러서 "사인 못 봤어? 번트 대랬잖아" 하고

꾸중을 했지만 "왜 그렇게 해요?" 하고 말대꾸했지요.

"시키는 대로 해"라는 지시를 무시하고

힘껏 휘둘러 헛스윙을 했습니다.

자리에 돌아가서 뺨을 한 대 얻어맞았고,

그 이후로 단 한 번도 시합에 나갈 수 없었습니다.

하지만 후회는 하지 않았습니다.

'스스로 수긍이 가지 않는 일은 절대 하지 않을 거야.'

'스스로 부끄러운 일은 누가 뭐라고 하든지 하고 싶지 않아.'

그런 마음이 강했던 것일 테지요.

완벽히 준비된 날은 평생 오지 않는다.
생각을 비우고 있는 힘을 다해라.

야구 시합을 보면, 그 선수가 안타를 칠지 못 칠지
타석에 들어서기 전부터 감이 옵니다.
대기 타석에서 배터 박스로 가는 동안
불안감을 짊어진 듯한 느낌이 보이면 못 칩니다.
이런저런 잡생각이 많아서 안 되지요.
생각을 비우고 있는 힘을 다해 방망이를 휘둘러야 합니다.
결과가 어떻든 간에 세 번 휘두르면
한 번쯤은 안타가 나올 확률이 있습니다.

야구는 타석이 돌아오지만 일을 할 때나 일상생활에서는
타석에 설 타이밍을 스스로 정해야 할 때가 많습니다.

'아직 일러. 준비가 안 됐어'라는 생각을 갖고 있으면
아무리 기다려도
타석에 서는 날은 오지 않습니다.
'완벽히 준비된 날'은 평생 오지 않는다고 생각하세요.
아무리 완벽하다 생각해도 그 위가 있는 법이니까요.
저는 늘 무작정 행동했고
어느 정도 실패도 겪었지만,
지금 이렇게 즐겁게 살고 있습니다.

무언가를 신경 쓰기보다는
자신에게 거짓말을 하지 않는가,
그것이 가장 중요합니다.
할 수 있는 일에 최선을 다했는가?
자신에게 질문했을 때,
거짓이 없다면 있는 힘을 다하세요.
괜찮습니다. 타석은 다시 찾아옵니다.

하고 싶은 일이 없어도 좋다.
솔직하게 행동하면 길은 열린다.

여기서 다시 한번 제가 사회인으로서 어떻게 살아왔는지
이야기해 볼까요?
초등학생 때부터 대학 시절까지 13년 동안
야구광이었던 저는 중고등학교 때는 공부를 꽤 했지만,
대학에 들어간 후로는 전과목에서 최저점을 받았습니다.
대학 수업에 나간 기억도
다섯 번밖에 없으니 참 심각했지요.
친구들이 뒤에서 도와준 덕분에 겨우 졸업했습니다.
지바에 있는 대학에서 야구팀에 들어가
프로 선수가 되고 싶다는 꿈을 꾼 적도 있었지만
실력이 부족한 데다

부상까지 겹치는 바람에 포기했습니다.

그러면 취업을 해야 하는데, 조금도 진지하게

생각하지 않고

동기들이 하나둘씩 회사에 합격해서

놀고 있는 모습을 그저 멍하니 보고만 있었습니다.

왜 취업 활동을 열심히 하지 않았을까요?

사실은 하고 싶은 일이 없었습니다.

당연하다면 당연한 대답이겠네요.

아직 사회에 나간 적이 없으니

어떤 종류의 일이 있는지도 몰랐습니다.

무엇보다 저는 저에게 거짓말을 하는 것이 싫었습니다.

'하고 싶은 일도 없고 가고 싶은 곳도 없어'라는

생각만 했습니다.

지금 돌이켜봐도

그때 솔직하게 행동했던 것에 후회는 없습니다.

그때 그 느낌 그대로 멍하니 있었던 덕분에

생각지도 못한 길이 열렸으니까요.

눈앞에 있는 사람에게 이끌리는 대로
첫걸음을 내딛어라.

졸업이 코앞으로 다가왔는데도

취업할 곳이 마땅치 않았던

제 등을 밀어 준 사람은 예상치 못한 인물이었습니다.

그때 제가 하루도 빠짐없이 들렀던

꽃집 아주머니.

그 당시 저는 소박한 학생 기숙사에 살고 있었습니다.

결코 깨끗하다고 할 수 없는

스산한 일상에 예쁜 빛깔이라도 주자 싶어서

꽃집이 문 닫을 시간에

꽃 한 송이를 사러 가곤 했습니다.

그러다 가게 아주머니와 친해져서

"오늘 팔고 남은 꽃 갖고 가요."
하면서 그냥 주실 때도 있었습니다.
그날도 세상 돌아가는 이야기를 하다가
아주머니가 물으셨습니다.
"그런데 나카노 씨 취업은 했어요?"
"아직 못했어요."
"불량 학생이네. 가고 싶은 데가 없어요?"
"없어요."
"정말 없어요?"
"없어요. 하고 싶은 일도 딱히 못 찾아서요.
아무거나 상관없어요."
"그럼 우리 사촌이 일하는 회사에 한번 물어 볼게요."
그렇게 소개받은 곳이 신주쿠에 있는
이세탄백화점이었습니다.
제 취업 길은
꽃 한 송이가 이끄는 대로 불현듯 열렸습니다.

할 줄 아는 일이 없어도 좋다.
특별히 원하는 것이 없으면
무슨 일이든 할 수 있다.

야구에 푹 빠진 학생이 매일 저녁 꽃 한 송이를 샀다는
에피소드가 이세탄백화점에 입사 면접에서 상당히
좋은 인상을 심어주었던 모양입니다.
그런데 저는 정작 이세탄백화점이라는 회사에 대해
아무것도 몰랐습니다.
백화점으로 말할 것 같으면 아르바이트를 해 봤던
세이부백화점 정도밖에 몰랐고,
시험 준비도 전혀 하지 않아서 점수도 형편없었습니다.
"니키노 씨는 뭘 할 수 있나요?"
"할 줄 아는 게 없습니다."
"그럼 우리 회사에 들어오면 어떤 일을 하고 싶나요?"

"특별히 원하는 일은 없습니다."
그런 대화를 나누자
면접관인 전무이사도 쓴웃음을 지었습니다.
그럼에도 입사할 수 있었던 것은
꽃집 아주머니와 여러 면에서 사람을 봐 준
회사의 너그러운 마음 덕분입니다.

물론 제대로 된 절차를 밟고 들어온
다른 신입사원과 똑같은 대우를 받지는 못해서
생긴 지 얼마 되지 않은 마미나라는
자회사로 배정 받았습니다.
나중에 안나수이나 케이타 마루야마를
운영하게 된 여성복 전문점 사업인데,
이곳이 바로 패션업계 경력의 출발점이었습니다.
신생 회사였던 덕분에
무슨 일이든 시도해 볼 수 있어서 재미있었습니다.
하고 싶은 일이 특별히 없었던 차에
굴러 들어온 행운이었지요.

회사는 그냥 상자라고 생각해라.
애사 정신은 없어도 된다.

무엇을 위해 일하는가. 대답은 하나입니다.
자신을 위해서지요. 회사를 위해서가 아닙니다.
가족을 위해 일하는 것도 왠지 믿기 어렵습니다.
눈앞에 있는 일이 좋고 즐거워서 하는 것입니다.
회사란 인간이 일을 즐겁게 하기 위한 수단이자
'상자'에 불과합니다.
회사는 처음부터 자연계에 존재했던 곳이 아닌
인간이 만들어낸 시스템일 뿐인데,
인간이 회사에게 이용을 당하다니,
적반하장도 유분수지요.
그러니 회사를 위해 온몸을 다 바쳐 일하지 마세요.

애사 정신을 강요하는 것도 이상합니다.
무미건조한 정신으로 일하라는 말이 아니라
'일하는 사람은 어디까지나 나다'라는 점을
명심해야 한다는 것입니다.
일에 몰두하고 싶은 시기에는
아무리 늦게까지 남아서 일을 한다 해도
저는 찬성입니다.
저도 젊은 시절에는 밤을 꼬박 새워
일할 때도 있었는데,
'오늘 중에 꼭 다 해야겠어.'
'내가 하고 싶어서 하는 거야.'
이런 마음이었기 때문에 전혀 고통스럽지 않았습니다.
왜냐하면 죽을 둥 살 둥 노력하는 것이 아니라
그 일에 푹 빠져 있었기 때문이지요.
사람이 중심이고 회사는 도구입니다.
이 관계성을 잘못 짚지 않았으면 합니다.

무조건 전진만 하기에는 위험하다.
언제든지 그만둘 수 있는 용기를 가져라.

자동차에 액셀과 브레이크가 있기 때문에
안전하게 달릴 수 있듯이
인간도 '전진'과 '정지'를
적절히 분배해서 써야 합니다.
젊었을 때는 '무슨 일이든 좋으니 해봐'
이러한 조언을 받는 일이 많겠지요.
그런데 전진해야 한다는 부담감에
계속 나아가기만 하는 것도
좋지 않습니다.
항상 주변에 부는 바람의 변화를 느끼고,
뭔가 의아하면 바로 멈춰야 합니다.

'이 이상 나아가면 위험해'라는 판단이 섰다면
주저하지 말고 브레이크를 밟으세요.
어차피 언제 시작하든 성공할 확률은
100번 중에 1번 정도입니다.
그러니 멈추는 힘이야말로
안전 유지를 위해 꼭 필요합니다.

'전진하라'와 '언제든지 멈춰라'를
한 묶음으로 생각하세요.
그래야 오히려 부담을 덜고
도전하기 쉬워지지 않을까요?

목표는 필요 없다.
힘을 많이 쏟았다면 그만둬라.

시작하는 용기와 비슷할 정도로 중요한 것이
'그만두는 용기'입니다.
'그만둘 때를 어떻게 판단해야 하나요?'라는
질문을 받는다면
'너무 힘을 많이 쏟았다고 느꼈을 때'라고
대답하겠습니다.

우리는 세세한 내용들이 아니라
크고 자연스러운 흐름 만들기에 신경을 써야 합니다.
어딘가 모르게 어색한 오기가 생기거나
'왠지 나답지 않은데' 하고 느꼈다면

이제 그만둘 시기라고 생각하세요.

그만둘 때 최대의 훼방꾼은 과거의 자신입니다.

'지금까지 쌓아온 게 아까워'라는

마음이 무거운 족쇄가 되어 발을 잡는 사람을

많이 봐 왔습니다.

과연 그렇게 계속 질질 끈다고 해서 미래가 있을까요?

자신에게 질문해 보세요.

이제는 상황이 전과는 달라지지 않았는지

주변을 잘 살펴보세요.

'목표를 높게 잡고 돌진하라'라는 것은

근대에 추구했던 탐욕을 전제로 한

부국강병의 정신입니다.

인간은 그런 목표 없이도

눈앞에 있는 행복이나 즐거움만 좇으며 살 수 있습니다.

그것이 바로 성숙한 나라에서 사는

섭리를 아는 사람의 자세가 아닐까요?

5년 후 일은 생각하지 않아도 좋다.
오늘을 즐겨라,
그리고 온 열정을
쏟을 수 있는 일에 집중하라.

이세탄백화점에 입사하고 몇 년 후,

저는 선배와 다투는 바람에 회사를 그만두게 되었습니다.

평소처럼 제가 머릿속에 있는 생각을

툭툭 입 밖으로 꺼낸 게 발단이었습니다.

그 당시 라이벌 백화점이었던 미쓰코시에게 이기기 위해서는

같은 브랜드의 옷을 진열해 봤자 소용이 없다고 생각했습니다.

왜냐하면 신주쿠 역에서

사람들이 이동하는 경로를 생각해 봤을 때

깊숙한 곳에 있는 이세탄이 더 불리했기 때문입니다.

"지금 이 상태로 승부가 되겠어요?" 하고

선배에게 했던 말이 신경을 건드렸던 모양입니다.

어디서 굴러들어 온지도 알 수 없는 애송이가

한 발짝도 물러서질 않으니 곧 싸움으로 번졌고

제가 그만두게 되었습니다.

인생은 무슨 일이 일어날지 한 치 앞도 알 수 없습니다.

'어떻게 들어간 회사인데' 이런 미련은 없었습니다.

처음부터 제가 무슨 일을 할 수 있는지도 몰랐고

3년 후, 5년 후에

어떤 일을 하고 싶은지도 생각한 적이 없었습니다.

오늘 하루 즐겁게 일할 수 있는지가 중요하기 때문에

제가 할 수 있을 것 같은 일에

최선을 다하고 이를 반복할 뿐입니다.

미래를 너무 구체적으로 계획하기보다

막연하게 생각해야 더 대단한 일을 할 수 있지 않을까요?

그것 말고도 중요한 것이 하루하루 느끼는 작은 행복입니다.

예를 들자면

'옆 부서에 예쁜 직원이 있네. 같이 식사하자고 해 볼까?'

그런 소박한 즐거움을 삶의 활력으로 삼았습니다.

이 세상에 안정적인 것은 없다.
늘 흘러가는 것이 자연의 섭리.

요즘 젊은이들에게는
안정을 지향하는 경향이 있다고 합니다.
격동의 세상 속에서
조금이라도 안정을 찾고 싶어하는
학생이 많은 듯합니다.
제가 할 말은 한 가지입니다.
세상에 안정이란 존재하지 않습니다.
영원한 기업도 없고
자치체(自治體)도 언젠가는 사라진다고들
예측하지요.
애초에 우리 인간이 살고 있는 자연 세계 자체가

항상 흘러가고 계속 변화를 일으키는 것이라
오늘과 내일은
그 무엇 하나 똑같은 것이 없습니다.
하루 만에 알기 힘든 미미한 변화라 해도
커다란 흐름 속에서는 크게 움직이고 있습니다.

그런 세상에서는 안정을 추구하는 마음이 아니라
변화에 대처하는 힘이 필요합니다.
차가운 바람을 찰나에 느끼고 멈춰서는 힘.
그리고 발끝의 방향을 빙그르르 바꿔서
다시 훌훌 털고 내딛는 힘.
변화에 강한 사람이 되기를 바랍니다.

인생은 하찮은 것.
우주 속에서는 눈 한 번 깜박이는 순간.

'큰맘 먹고 확 지르고 싶은데, 용기가 나지 않아' 하면서
발을 선뜻 내딛지 못하는 사람은
이렇게 생각해 보세요.
지구에서 멀리 떨어진 드넓은 우주 공간에서 내려다보면
자신의 인생은 보이지도 않는 하찮은 존재입니다.
한 사람이 태어나서 죽을 때까지 걸리는 시간은
우주에 흐르는 시간 속에서 단 한 순간,
눈 한 번 깜박하지도 못할 짧은 순간이겠지요.
그것은 누구나 마찬가지라서
이 세상에 존재하는 모든 것에 적용됩니다.
크게 대단한 것도 없고,

이 세상에 영원히 도움이 되는 것을
만들 수도 없습니다.
그렇게 생각하면
뭐든 마음을 편하게 먹고 할 수 있지 않을까요?
결심이 서지 않나요?
그렇습니다.
도움이 되는 존재가 되고자 하는 마음은 사치입니다.
물론 도움이 되려고 노력하는 것은 중요합니다.
오늘 하루를 즐기고 감사하게
음미하면서 보내고 싶으니까요.
일을 하다 실수하더라도
인생이 끝나는 것은 아니지 않습니까.
무슨 일을 해도 용서받을 수 있는 젊은 시절일수록
어깨 힘을 빼고 도전해 보세요.

경영자들 사이에서도 "파격"적인 존재

전 도쿄대학 교수　구마 겐고

　나카노 씨와 10년 전쯤부터 어울리기 시작했습니다. '구마 씨를 만나고 싶은데요' 하면서 대뜸 우리 사무실로 왔을 때부터 인연은 시작되었지요.

　저도 테라다 창고가 덴노즈 아이루라는 지역을 무대로 재미난 사업을 한다는 소리를 듣고 눈여겨보던 때라 만나 보았습니다. 만나자마자 상상보다 훨씬 더 재미있고 파격적인 분이라는 사실을 바로 알았습니다.

　나카노 씨는 경영자들 사이에서도 격이 다른 분입니다. 어떤 일을 결정할 때는 직감을 중요시합니다. '이게 좋겠네. 이걸로 합시다' 하고 한 번 정했다 하면 흔들리지 않습니다. 자신이 좋다고 느낀 것에 진정한 신념을 갖고 있기 때문에 머뭇거리는 일이 없습니다.

　저는 다양한 건축 프로젝트를 진행하면서 합의를 바탕으

로 의사 결정을 내리는 특유의 방식에 강한 의구심을 갖고 있었습니다. 그래서 나카노 씨의 리더십을 봤을 때 '바로 이거지' 하고 무릎을 쳤습니다. 그때부터 죽이 척척 맞아 같이 식사도 하고 여행도 다니는 사이가 되었습니다.

센스의 본질에 대하여

나카노 씨와 이런저런 이야기를 나누었지만 '센스의 본질'에 대해 했던 이야기가 인상에 남습니다.

"구마 씨, 이 레스토랑은 공간도 아주 훌륭하죠? 건물이나 장식품, 음악뿐만이 아니라 식기와 유니폼 센스까지 좋아요. 그래서 당연히 식사도 맛있고 아름다워요. 저는 건축과 식사가 떼려야 뗄 수 없는 관계에 있다고 생각해요. 전부 다 이어져 있죠."

그런 이야기를 들으면서 무척 공감이 갔습니다. 같은 맥락으로 생각했을 때, 좋은 건물을 만들려면 감성을 울리는 식사 체험도 중요하겠다 싶어 평소에도 의식하게 되었습니다.

주체를 갖고 우뚝 서서 살아가다

나카노 씨의 삶을 보고 센스를 느낀 이유는 무엇일까요?

그 대답은 분명 주체를 갖고 우뚝 서서 살아가기 때문이겠지요.

조직 생활과 상관없이 세상에는 '주체를 갖고 살아가는 사람'과 '주체를 없애고 살아가는 사람'이 있습니다. 나카노 씨는 분명, 아니 열렬히 '주체를 갖고 살아가는 사람'입니다. 그래서 보고 있으면 기분이 통쾌합니다.

이제 미래는 개인의 시대이며, 전 세계를 무대로 종횡무진하려면 자신이 주체가 되어 의사를 결정하고 행동할 수 있는 자질이 반드시 필요합니다. 나카노 씨는 그 본보기가 될 수 있는 한 사람입니다.

현재 타이완에서 생활하는 나카노 씨는 중국인들과도 좋은 신뢰 관계를 쌓을 줄 압니다. 저도 중국에서 자주 일을 해봐서 잘 아는데, 중국인은 '개인의 틀'을 상당히 중시하면서 사업을 진행합니다. 나카노 씨는 항상 솔직해서 거짓 없이 자신의 생각을 말하고 그대로 행동합니다. 그래서 국경을 초월한 신뢰 관계도 그렇게 잘 쌓나 봅니다.

직접 결정을 내리고 그 책임을 떠안다

나카노 씨는 직감에 따라 즉시 행동으로 옮길 줄 압니다.

저는 그의 자신감이 경험에서 우러나왔다고 생각합니다. 젊은 시절에는 가게를 내기 위해 대출을 받거나 처음 찾은 나라에서 갑자기 사업을 시작하는 등 다양한 경험을 했다고 들었습니다.

나카노 씨는 대박이 날지 쪽박을 찰지 아무도 장담할 수 없는 도박에 가까운 도전을 여러 차례 경험해 왔습니다. 직접 결정을 내리고 그 책임을 떠안는 데 익숙하기 때문에 시대가 원하는 센스와 자신의 감각을 정확히 일치시킬 수 있는 것이지요. 저는 그렇게 느꼈습니다.

사실은 부모와 인연이 두텁지 않다는 이야기도 들었습니다. 낯선 환경에서 자랐다는 식으로 말했던 기억이 있습니다. 하지만 '주변 어른들의 사랑을 듬뿍 받았다'라는 말도 했습니다.

그 이야기를 듣고 저는 나카노 씨라는 인간의 근본을 이해했습니다. 타인을 진심으로 신뢰하고 사람과 사람의 인연을 무엇보다 소중히 여기는 나카노 요시히사라는 인간을 말입니다.

나카노 씨처럼 인생을 멋지게 살려면 무엇부터 시작해야 좋을지 모르는 젊은이들에게는 여행을 권하고 싶습니다.

혼자서 낯선 땅에 내려 조용히 자신과 대화하는 시간을 갖는 것.

저 또한 지금까지도 소중히 여기는 시간입니다. 직감을 갈고 닦아 주체를 갖고 살아가기 위한 첫걸음이 될 것입니다.

구마 겐고(隈研吾)

1954년 출생. 도쿄대학건축학과대학원 수료. 1990년 구마 겐고 건축도시설계사무소 설립. 2009년부터 2020년까지 도쿄대학 교수.

1964년 도쿄올림픽 때 본 단게 겐조의 요요기 실내 경기장에 충격을 받고 유소년 시절부터 건축가를 꿈꿨다. 대학에서는 하라 히로시와 우치다 요시치카에게 사사, 대학원 시절에는 아프리카 사하라 사막을 횡단하면서 집락을 조사하여 집락의 아름다움과 힘에 눈을 떴다. 콜롬비아대학 객원연구원을 거쳐 1990년에는 구마 겐고 건축도시설계사무소를 설립했다. 지금까지 20국이 넘는 나라에서 건축을 설계하여 일본 건축학회상, 핀란드에서 국제목조건축상, 이탈리아에서 국제석조건축상, 그 외에도 국내외에서 다양한 상을 받았다. 그 장소의 환경이나 문화에 녹아드는 건축을 지향하며 휴먼 스케일에 딱 맞고 부드러운 디자인을 제안한다. 또한 콘크리트 철 대신 새로운 소재를 탐구하여 공업화 사회 다음에 올 건축의 방향을 추구하고 있다.

전부, 버리면

버리는 센스를 가꾸어라.
취향을 의식하는 것부터.

'무엇을 버리고 무엇을 남겨야 할까?

그걸 선택하는 센스는 어떻게 가꾸어야 하나요?'

제가 무슨 물건이든 대범하게 버린다고 생각했는지

인터뷰 때 이런 질문을 받았습니다.

저에게 센스가 있는지는 솔직히 잘 모르겠습니다.

한 가지는 말할 수 있습니다.

그때그때 저의 취향을 확실하게 의식하면서

살아왔다는 점입니다.

하지만 당장 입 밖으로 말할 필요는 없습니다.

이게 좋네.

이런 방식은 별로네.

이유는 나중에 붙여도 되니

일단 직감을 믿고 주관을 드러내세요.

처음에는 용기가 필요할 수도 있지만

그런 과정이 없으면

자신만의 단단한 뚝심이 생기지 않습니다.

그럼 그러한 취향을 몸에 배게 하는

연습은 어떻게 해 왔을까요?

제 경험을 돌이켜보면,

어린 시절에 할머니께 배웠던

꽃꽂이 연습에 그 원점이 있는 것 같습니다.

어떤 꽃이 좋니? 얼마나 잘라야 할까?

어떤 각도로 꽂아 볼래? 어떤 짝꿍이 좋을까?

무수히 많은 패턴에서 어떻게 꽂을지 결정하는 연습이

어른이 된 후에도

'직감을 믿는 결단력'의 기초가 되었던 것 같습니다.

지금 생각해 보니 그렇습니다.

버릴 생각 말고 애초에 갖지 마라.
집도 차도 시계도.

저는 버릴 생각을 하기보다는

애초에 물건을 소유하지 않는

라이프 스타일(life style)을 선택했습니다.

대만에 집이 있긴 하지만 월세를 내며 생활합니다.

최소 필요한 가구만 갖고 있고

일본에 일이 있을 때는 호텔에 머무릅니다.

차도 없습니다. 값비싼 손목시계에도 관심이 없습니다.

미팅을 제시간에 마치기 위한

액정 시계 하나면 충분합니다.

비싼 일용품도 사지 않습니다.

옷은 아시아 각지를 돌아다니며 대충
언제든지 버릴 수 있는 간단한 것들만 삽니다.
음식은 편의점에서
새로 나온 제품을 살 때 가장 설렙니다.
외식은 회식 때 배불리 먹을 수 있으면
그걸로 만족합니다.
'회사를 경영하는 사람이면,
꽤 좋은 물건들을 살 수도 있을 텐데.'
이렇게 신기하게 생각하는 사람도 많은데,
저는 물건에 전혀 집착하지 않습니다.
소유하지 않으면 생활이 물건으로 가득 차는 일도 없고
땅이나 집을 사고파는 번잡한 절차도 필요 없습니다.
무엇보다 재해의 위험에서 걱정을 덜 수 있습니다.

뭐니 뭐니 해도 저는 몸이 홀가분한 삶을 좋아합니다.

소유는 안정을 낳지 않는다.
물건을 버리면 자유로워진다.

집을 사고 집을 짓는 것.

아직도 많은 젊은이들은

내 집 마련을 목표로 삼는 듯합니다.

저는 그런 생각이 아예 없습니다.

실제로 월세 생활이나 호텔 생활에

불편을 느낀 적이 없습니다.

왜 집을 살까요?

'언제든 돌아올 곳이 있어'라는 안정감 때문일까요?

그러나 뒤집어 말하면

언제까지나 한 곳에 묶인다는 뜻입니다.

실제로 태풍이 오거나 물난리가 나서

당장 도망쳐야 하는 상황에

'집이 걱정돼서 남아야겠어'라는 사람이 꼭 있습니다.

집 때문에 목숨을 버리다니, 순서가 잘못 됐습니다.

그렇기에 오히려 삶을 더 자유롭지 못하게 만드는 것은

아닐까 하는 의문이 듭니다.

한신 아와지 대지진 때 새로 집 한 채를 지은 지

얼마 되지 않은 친구가 한탄을 했습니다.

하룻밤 사이에 집을 잃은 사람들을

저는 수없이 봐 왔습니다.

물건을 소유한다고 해서 안정감이 생기지는 않습니다.

오히려 불안감이 늘어날 뿐이지요.

'언제든 옮길 수 있어.

어디서든 바로 새로운 생활을 시작할 수 있어.'

저는 늘 홀가분한 몸으로

인생의 선택지를 넓히고 싶습니다.

추억도 버려라.
쓸모없으니.

추억은 좋은 것입니다.

물론 저에게도 소중한 추억이 있습니다.

그러나 소중하다고 해서

거기에 얽매이는 것은 좋지 않습니다.

아름다운 추억일수록

거기에 매달리면 안 됩니다.

과거를 지키고자 하면

그것은 '전례'가 됩니다.

그러면 그 전례와

비슷한 일을 또 반복하고 싶어집니다.

전례가 있을 때만
행동하려는 것은 좋지 않습니다.

전례는 미래를 옭아매는 것입니다.
격동하는 현대에서
전례는 쓸모가 없습니다.
언제까지나
새로운 아이디어를 짜내는
인간이고 싶기에 저는 추억도 버립니다.
뒤돌아보지 않고
늘 새로운 경치를 바라보고 싶습니다.

작은 가방 하나만
갖고 다녀라.

홀가분한 생활을 시작하기 위한 지름길은
작은 가방을 드는 것입니다.
저는 비행기에 탈 때도 큰 캐리어를 들지 않습니다.
손으로 들 수 있는 아주 작은 가방만 딱 하나 듭니다.
어디에 가든 그 가방을 꼭 챙깁니다.

가방 안에는
속옷과 양말, 아이패드, 집 열쇠, 안경 정도만 넣습니다.
출장 가서 입을 옷은 현지에서 삽니다.
어차피 한 군데에 머무르는 기간은
길어봐야 3박 4일이니까요.

나머지는 휴대전화, 작은 지갑, 가벼운 수첩이고,
바다를 건너기 위해 필요한 귀중품도 꼭 챙깁니다.
가방을 하나만 들고 사이즈를 작게 줄이기만 해도
자연스레 소지품은 줄어듭니다.
많이 들어가지 않으니 내용물을 줄일 수밖에 없습니다.
만약 가방을 두세 개 들고 큰 캐리어까지 끌면
그 공간만큼 물건을 더 집어넣게 됩니다.

처음부터 '이만큼만 갖고 가야지' 하고 한계를 정하면
나머지 중요하지 않은 소지품들은 포기할 수 있습니다.
새 물건을 사면 낡은 물건은 버릴 수밖에 없습니다.
소지품을 항상 새것으로 바꾸면
신선하고 기분이 좋습니다.
무엇보다도 짐을 맡기는 데 대한 걱정도 없고
짐이 나올 때까지 기다리는 시간도 절약됩니다.
작은 가방 하나만 드는 생활은 어떤가요?

예정을 버려라.
번뜩이는 순간을 위해 여백을 만들어라.

제 수첩은 새하얗습니다.
항상 들고 다니는 수첩에는 머무를 나라로 가는
일정만 적혀 있고 세세한 스케줄 관리는
비서에게 전부 맡기는데,
'가급적이면 빽빽하게 채우지 마'라고 부탁합니다.

의사를 결정해야 하는 리더는
언제든지 안테나를 세우고 있어야 하고
갑작스러운 상담을
언제든 받을 수 있는 여유를 갖고 있어야 합니다.
분 단위로 빼곡하게 채워진 스케줄로 우쭐대고 있어서는

중요한 정보가 들어오지 않습니다.

아이디어란
제각각 들어온 정보가 예상치 못한 조합으로
연결됐을 때 번뜩 떠오를 때가 많습니다.
'혹시 방금 본 그게
2주 전에 들은 그거랑 관련이 있을까?' 하고 말이지요.
그래서 막연하게 생각할 시간을 일부러 비워두는 것이
아주 중요하다고 생각합니다.
현장 업무로 한창 바쁘더라도
정기적으로 '멍하니 있는 시간'을 만들어서
조용히 차 마시는 시간을 가져 보세요.

술자리를 버려라.
인간관계를
애써 넓히려 하지 않아도 좋다.

기업 문화에 오래도록 '노뮤니케이션'
([마시다]+[커뮤니케이션])이 자리 잡고 있었습니다.
일을 마친 후 같이 술을 마시면서
친목을 도모하는 습관입니다.
저는 술을 마시지 않기 때문에
술자리에는 거의 가지 않습니다.
젊은 시절에도
선배가 마시러 가자고 하면 단호히 거절했습니다.
낮에 완벽하게 업무를 마치면 되지 저녁 시간까지 같이
어울릴 필요를 못 느꼈습니다.
"술자리에서 인맥이 넓어질지도 모르잖아요.

내키지 않아도 참석하는 게 낫지 않을까 하는데요."
젊은이에게 그런 말을 들었을 때는 싱긋 웃고
"괜찮아요" 하고 대답합니다.
술자리에 가지 않아도 충분히 즐겁게 일할 수 있습니다.
인연이 있는 사람과는 반드시 어딘가에서 만날 테니까요.
원래 인간관계에는 맞지 않는 사람도
당연히 있는 법입니다.
그렇게 생각하면 마음이 편해지지 않나요?

열심히 얼굴 도장을 찍어도 같이 일하는 사람은
3명이나 5명, 많아 봤자 10명 정도겠지요.
같이 일하는 사람이 10명만 있어도
웬만한 일은 다 할 수 있습니다.
저녁에는 일찍 가서 쉬거나 취미 활동을 하거나
좋아하는 사람과 시간을 보냅니다.
술에 취해 늦잠을 자는 것보다
이튿날 업무도 훨씬 더 잘 풀릴 테니까요.

불필요한 관계를 버려라.
미래를 이야기할 수 있는
친구만 있으면 된다.

점점 수명이 길어지는 시대에는 놓아야 할 것을
그때그때 놓지 않으면 짐이 점점 늘어납니다.
소유물뿐만이 아니라 인간관계도 그렇습니다.
돌아다니다 보면 새로운 만남도 있고
아는 사람도 늘어납니다.
만약 1년에 만나는 사람이 백 명 있다고 쳤을 때,
2년 지나면 2백 명,
3년 지나면 3백 명입니다.
이 모든 사람과 사귀기란 어렵지요.
저는 평소에 연락을 취하는 친구가
10명만 있으면 충분하다고 생각합니다.

미래에 대해 밝게 이야기할 수 있는 친구와는
계속 관계를 유지하고 싶습니다.
늘 넋두리만 하는 사람과는
자연스레 멀어집니다.

그런 관계는 오래 될수록
좋은 것도 없습니다.
오히려 이제 막 알게 된 사람에게
신선한 배움을 얻을 때가 종종 있습니다.
오는 사람 막지 않고 가는 사람 잡지 않습니다.
언제든 준비된 마음으로
사교의 문을 활짝 열어 두려고 합니다.

익숙함을 버려라.
낯선 사람과 대화하면 자극이 된다.

인간은 익숙해지면 바보가 됩니다.
머리를 쓰지 않으면 점점 녹슬어가는 것이지요.
그래서 웬만큼 불편한 기회를 일부러 찾는 것이
중요하다고 평소부터 의식하며 지냅니다.

대화 하나만 봐도 잘 아는 친구와 만나서
이야기할 때가 당연히 편합니다.
상대방이 어떤 성격을 지녔고 어떤 이야기를 할지
상상이 되기 때문에 안심이 됩니다.
그러나 항상 똑같은 사람과 만나 비슷한 대화만 하면
머리는 점점 녹슬어 갑니다.

자신에게 꾸준히 '부담'을 주는 것이 중요합니다.

저는 오히려 낯선 동네에 있는 시장에 불쑥 찾아가

가게에서 장을 보는 아주머니와

3분 정도 이야기를 하며 자극을 받습니다.

'아주머니 어디서 오셨어요?'

'오늘은 뭐가 싱싱해요?'

'아, 그런 일도 있어요?'

'왜요?'

그런 식으로 대화를 하며 머리를 씁니다.

마음이 젊어집니다.

그리고 이런 대화는 평상시에

언제 어디서나 마음만 먹으면 할 수 있습니다.

하루하루를 풍요롭게 만드는 자극은

우리 생활 속에 숨겨져 있습니다.

집착을 버려라.
정신의 자유를 택하자.

만남이 있으면 이별도 있는 법입니다.

특히 남녀 사이에서는 뛰어난 금슬을 자랑하던 부부도

결국 이별하게 되는 일이 벌어지곤 합니다.

저는 '서로 향상할 수 없는 관계가 되면 헤어지는 편이

서로를 위한 것'이라는 부부관을 갖고 있습니다.

그렇게 해야 긴 인생을 좀더 풍요롭고

의미 있게 살아갈 수 있다고 생각하기 때문입니다.

이별은 찬란한 미래를 위한 출발점입니다.

그런데 좋지 않게 헤어지는 커플이

상당히 많은 듯합니다.

아쉬울 따름입니다.

그렇게 서로 좋아하던 사이였는데 말이에요.
이혼 소송이 길어지면서 상대방에 대한 원망이 쌓이면
즐거운 추억도 물거품이 됩니다.

왜 안 좋게 이별을 할까요?
이유 중에는 '소유에 대한 집착'이 있다고 생각합니다.
'이건 내 거야'
'아니, 내 거야' 하며 서로 팽팽하게 맞서기 때문에
옥신각신하는 것이지요.
다시 말해 한쪽이 놓으면 끝납니다.
'필요 없어' 하며 놓는 순간에 집착하던 마음이 풀리고
새로운 것에 에너지를 쏟을 수 있게 됩니다.
그러면 상대방에 대한 감정도
괜히 더럽히지 않고 끝낼 수 있지요.
저라면 망설이지 않고
정신의 자유를 택하겠습니다.

꽃도 사람도
대비하면 돋보인다.

세상 모든 것은 '조합'에 따라서
살기도 하고 죽기도 합니다.
저는 그 사실을 꽃꽂이를 하며 배웠습니다.
꽃의 빛깔은 그 꽃 하나만으로 돋보이는 것이 아니라
옆에 있는 흰색을 살릴지 노란색을 살릴지,
그 대비가 아주 중요합니다.
인간도 마찬가지입니다.
누구를 옆에 두는가에 따라
개성이 돋보일 수도 있지 않을까요?
업무 파트너를 고를 때도
가급적이면 자신과 다른 타입이 좋습니다.

비슷한 사람끼리 있으면

오히려 역효과가 날 수도 있는데,

두 사람이 똑같은

생각을 하기 때문에 의미가 없습니다.

장점은 두드러지게,

단점은 서로 보충할 수 있는 파트너를 찾아야 합니다.

저는 항상 '조합'을 가장 중요하게 생각하면서

색을 분배했습니다.

부부도 그렇습니다.

남자 한 명과 여자 한 명.

각각 매력이 너무 튀면 부딪치기 마련입니다.

나와 그 사람은 서로를 돋보이게 만드는 사람인가?

그런 시점을 갖추려고 노력하고 있습니다.

책은 버려라.
신선한 마음으로 다시 읽고 싶기 때문에.

홀가분한 나를 유지하려면?

그런 질문을 받으면

무조건 버리라고 대답합니다.

버리고, 버리고, 아낌없이 또 버립니다.

물리적으로 사물을 버리는 습관을 들였더니

몸도 마음도 홀가분해졌습니다.

그런 감각이 있습니다.

예컨대, 읽은 책을 책장에

자랑스럽게 꽂아 놓는 사람이 있는데,

저는 정반대입니다.

책은 읽으면 버립니다. (헌책방에 팝니다.)

아무리 감동을 받은 책이라 할지라도
소장하지 않습니다.
그렇지만 좋은 책은 조금 지나면
다시 읽고 싶어집니다.
그럴 때는 또 새 책을 삽니다.

그럼 왜 버려요?
그렇게 생각할 수 있지만
처음 읽었을 때의 저와 두 번째로 읽고 싶어진 저는
완전히 다른 사람입니다.
다시 출발선으로 돌아가 새로운 마음으로
신선한 배움을 만나고 싶습니다.
그런 마음가짐으로 깨끗한 페이지를 넘기는 순간이
정말 아늑하고 좋습니다.

옷은 언제든지 버려라.
특별한 취향이 없으니 단념할 수 있다.

옷도 그렇습니다.

대개 2년 갖고 있으면 적당합니다.

제가 패션업계에 있었던 사실을 아는 사람은 놀라는데,

5년 전에 산 옷을 입으면,

5년 전의 나로 돌아가는 것 같아서 좋아하지 않습니다.

애초에 패션 취향이 지나치면 자유가 사라진다는 것이

저의 가치관입니다.

눈앞에 귀여운 아이가 그림을 그리며 놀고 있을 때

'꼬까옷이 더러워지니까

물감 묻은 붓을 들고 흔들면 안 돼.'

이렇게 촌스러운 말은 하고 싶지 않습니다.
어른에게는 아이가 푹 빠져서 노는 모습을 지켜보고
응원하는 역할이 있습니다.

'언제 버려도 좋은 옷'을 입으면
행동에 제한이 없으니
마음껏 움직일 수 있습니다.

멋은 굳이 비싼 옷을 사지 않아도 즐길 수 있습니다.
저는 조합을 잘하는 것이 중요하다고
당당히 외치고 싶습니다.
이 조합 저 조합 바꿔 가면서
끊임없이 변화를 즐기는 것이
제 성격에 맞습니다.
그런 마음의 자유가 저에게는 가장 소중합니다.

과거의 잔상을 버려라.
늘 신선한 상태를 유지하자.

동급생들이 모두 은퇴해서 따분해지니 동창회만
괜히 늘어납니다. 저도 짧게나마 참석해서
옛 친구들과 즐겁게 이야기하는데,
'너 또 분위기가 달라졌네?'라는 말을 들으면
기분이 좋습니다.
어느 정도 나이가 들면 '언제 봐도 똑같다'라는
말을 들었을 때 기뻐하는 사람이(특히 여성) 많습니다.
그러나 저는 하나도 기쁘지 않습니다.
저는 늘 신선하기를 원합니다.

첫인상을 결정하는 요소 중 하나가 헤어스타일입니다.

정기적으로 파격적인 변신을 하는 것도
어느새 저만의 '룰'로 자리 잡았습니다.
거의 5년에 한 번씩 단골 미용실에서
'확 바꿔 주세요' 하고 부탁합니다.
지금은 옆을 시원하게 쳐서 좌우비대칭 머리를 했습니다.
다음번에는 스포츠머리로
깨끗이 밀어버릴까 하는 생각도 있습니다.

젊은 시절에 했던 헤어스타일을 계속 똑같이
유지하는 것만큼 보기 흉한 것도 없습니다.
자신이 가진 과거의 잔상을 계속 놓지 못하면
그렇게 됩니다.
그러나 지금 모습과
어울리지 않는다는 사실을 본인만 모릅니다.
친구를 뒤에서 비웃는 매정한 사람이 되고 싶지 않아서
'이제 그만 좀 바꿔 보지 그래?' 하고 귀띔합니다.
그것도 배려가 아닐까요?

신문을 버려라.
제목만 보고 상상하면 된다.

정보는 최소한만 넣습니다.

정보원 중 하나인 신문도

찬찬히 읽는 습관을 버렸습니다.

어느 날 깨달았습니다.

매일 바뀌는 경제나 정치 뉴스를 대충

파악하기 위해서라면 '제목'만 봐도 충분하지 않을까?

최근에는 아이패드에 넣어 놓은 '닛케이 전자신문'의

기사 일람을 훑어서 제목만 읽고 끝냅니다.

그렇게 해도 대충 파악이 됩니다.

제목은 요약 중의 요약이니까.

그 짧은 글자 수로 상상하기만 해도

기사 내용을 대충 알 수 있습니다.

물론 잘못 짚는 일도 있지만,

자세한 내용을 조금 틀렸다 해서

세상이 뒤집어지는 것도 아니지 않습니까?

정말 자세히 알고 싶은 뉴스만 기억해 뒀다가

나중에 찬찬히 읽어 봅니다.

우수한 직원도 많은데 굳이 제 머릿속에 모든 지식을

넣으려는 것은 오히려 비효율적인 것 같습니다.

저는 옛날부터 기억력이 꽤 좋은 편이어서

'그날 이런 일이 있었지' 하고 기억했다가

나중에 끄집어내서 검색할 때도 있습니다.

이미 일어난 일이 아니라,

미래에 대해 생각할 시간을

더 많이 가지는 것이 중요합니다.

연출을 버려라.
어디서 감동할지는 스스로 정해라.

어른이 된 후로는 자유롭게 마음껏 즐길 수 있는
오락을 우선해서 선택했습니다.
같은 이야기라면 영화보다 독서를 즐깁니다.
글자로만 표현되는 책은 거기에 그려진 정경을
무슨 색으로 물들이든 자유입니다.
어디서 감동하고 어디서 한 박자 쉬며
여운을 맛볼지도 자유입니다.
완급 조절도 읽는 사람이
주도권을 잡을 수 있어서 좋습니다.
영화는 그게 쉽지 않지요.
음악이나 영상은 완급조절을 이용하여,

'여기서 관객에게 감동을 주자'라는
감독의 의도가 들어갑니다.
그게 영화의 장점이기도 하지만
저는 감동하는 포인트를
제가 직접 정하고 싶어 하는 타입입니다.

그래서 저에게 좋은 책이란
설명이나 해석이 너무 많지 않고 독자가 자유롭게
상상할 수 있는 여지가 있는 책입니다.
읽는 사람에 따라 웃기도 하고 울기도 하는 책.
그런 문장을 좋아합니다.
재미있다고 느낀 부분이 제각각이거나,
호불호가 갈리는 작품이 훨씬 더 설렙니다.

실물을 버려라.
최상의 놀이는 머릿속에 있다.

사물에 집착하지 않는 삶을 좋아하게 된

그 출발점은 어디였을까요?

거슬러 올라가 생각해 보면 어린 시절이었습니다.

초등학교 저학년 때는 다이어그램에 푹 빠져 있었습니다.

가상의 역 이름을 대충 상상해서

선로를 연결하고 역을 만듭니다.

그러면 마을이 생기고 나라가 생깁니다.

거리에는 집이나 가게를 그리고 각각 이름을 지어서

적어 넣는 재미에 시간 가는 줄도 모르고

푹 빠져서 만들었습니다.

장난감도 필요 없었습니다.

종이와 연필만 있으면 혼자서도
잘 놀 수 있는 아이였습니다.

그 시절에 만약 '기차 모형 장난감 사 줄까?'라며
유혹을 했다 해도
저는 필요 없다고 대답했을 것입니다.
왜냐하면 실물과 꼭 닮은 미니어처가 눈앞에 나타나면
자유롭게 상상하기가 어려울 테니까요.
저에게 최고의 놀이는 제 머릿속으로 마음껏
상상을 펼쳐 나만의 세상을 만드는 것입니다.
이미 현실 세계에서 완성되어 있는 기성품들은
하얀 도화지에 마음껏
상상할 수 있는 자유를 빼앗습니다.
최고의 놀이는 우리 머릿속에 있습니다.

스마트폰을 버려라.
자신을 잃어버리고 싶지 않다면.

길을 걷다 보면 스마트폰을 보는 사람들이
눈에 많이 띕니다.
저도 옛날에는 스마트폰을 쓴 적이 있었습니다.
하지만 한 달 만에 진절머리가 나서 바꿨습니다.

정보가 너무 많아서
괜한 시간을 빼앗기는 점이 싫었습니다.
화면을 켜면 인터넷도 할 수 있고
애플리케이션도 무궁무진하게 많습니다.
결국 제가 처리할 수 있는 한계보다
더 많은 정보를 다루게 됩니다.

그러면 어느새 제가 사라집니다.
이건 아니다 싶어 바로
스마트폰 생활을 버렸습니다.

지금은 폴더폰을 씁니다.
정확히 말하면 2018년에 다시 나온
au의 '인포바(INFOBAR)'라는 시리즈인데,
빨간색과 흰색과 하늘색으로 이루어진
디자인이 마음에 듭니다.
어떤가요? 예쁩니다.
자기만족일지도 모르지만.
정보를 찬찬히 살펴보고 싶을 때는
아이패드를 씁니다.
제 페이스를 지키려면
이 스타일이 가장 좋습니다.

스마트폰으로 보는 빈약한 영화는 문화가 아니다.
오감으로 진짜를 받아들여라.

얼핏 편리해 보이는 것이 사실은 우리의 마음을
빈약하게 만드는 시한폭탄일 때가 종종 있습니다.
지금까지 소중히 여겨 온
문화가 사라지고 있지는 않은가요?
그것이 문화일까요? 단순한 문명의 이기일까요?
항상 주의 깊게 살펴봐야 합니다.

영화 감상에 대해 생각해 봅시다.
저는 영화관에서 보는 영화야말로 진정한 영화라고
생각하기 때문에 비행기 안에서 보고 괜찮다 싶은 작품은
다시 영화관에서 봅니다.

큰 화면으로 보는 스토리 전개, 박진감 넘치는 음향.
제작자가 의도한 환경에서 봤을 때
비로소 영화를 봤다고 말할 수 있는 것입니다.
그러나 최근에는 작은 스마트폰 화면으로도 간단히
영화를 볼 수 있게 되어서
영화관에 가지 않는 젊은이들이 늘었습니다.
그것이 진정한 영화일까요?
자신의 오감으로 온전히 받아들인 감동은
확실히 본인의 것으로 만들 수 있습니다.

'타인이 쓴 리뷰에 휩쓸려서
내가 느낀 점을 솔직히 표현할 수가 없어'
남몰래 이런 고민을 하는 사람이 있다면
'일단 진짜를 보세요'라고 조언하고 싶습니다.
큰 화면으로 보면 자연스레 감정이 생깁니다.

문화란 꽃 한 송이.
최고의 사치로써 버려라.

제가 학생 시절에 누추한 학생 기숙사에 살면서

하루하루 꽃 한 송이를 샀다는

이야기는 앞에서 소개했지요.

그 시절 꽃 한 송이는

저의 마음을 풍요롭게 만들어 주었습니다.

사치이자 더할 나위 없는 자기만족이었습니다.

그리고 문화 그 자체였습니다.

마찬가지로 젊은이들도 좋아하는 그림을

방에 한 장 걸어둘 수 있는

'자기만족의 생활 문화'를 만들면 좋겠습니다.

그러기 위해서 구상하고 있는 것이 저렴한 가격대의

예술 작품을 쉽게 유통하기 위한 시스템 구축입니다.

개인의 신용을 담보할 수 있는 블록체인 기술을 살리면

예술품을 구입한 정보 이력이 정확히 남고 그때마다

예술가에게 대가를 지불할 수 있는

구조를 실현할 수 있습니다.

지금까지 일부 프로들만이 활동했던

예술 유통을 개혁하여

작가가 지속적으로 수입을 얻을 수 있는 시스템을 만들면

재능 있는 젊은이들이 실력을 발휘할 수 있을 것입니다.

그림 한 장을 장식하려면

그림을 방해하지 않는 공간을 만들어야 합니다.

벽 쪽에 놓인 물건을 치우고 쓸모없는 물건을 버립니다.

결국 소유물의 수는 줄어듭니다.

그래도 그렇게 하면 훨씬 더 고급스럽습니다.

'버리는 사치'야말로 앞으로 새로운 가치가 될 것입니다.

자신이 바로 바이블,
그 자세가 그저 멋있다

일본공항빌딩 부사장   오니시 히로시

존경해 마지않는 선배, 나카노 씨와 저를 잇는 인연은 '옛 집'에서 시작되었습니다. 제가 대학을 졸업하고 이세탄백화점에 입사한 해가 1979년입니다. 그룹 회사인 마미나에 '유례에 없이 어마어마하게 일 잘하는 선배가 있었다'라는 평판을 여기저기서 들어왔습니다. 그때는 이미 나카노 씨가 스즈야로 옮긴 뒤라 직접 일을 배울 기회는 없었지만, 그로부터 30년이 지나 제가 이세탄 사장을 맡게 됐을 즈음부터 이야기할 기회가 생겼습니다.

결단은 빠르게, 한 번 정한 일에는 흔들림이 없다

진심으로 존경하는 경영자는 몇 명 있지만, 그중에서도 나카노 씨는 감히 비견할 수 없는 존재입니다. 늘 호쾌하며 외면과 내면이 모두 젊고 풍격(風格)이 있다고 할까요? 아우라가

다릅니다.

결단이 빠르고 한 번 정했다 하면 절대로 흔들림이 없습니다. 이루고 싶은 비전이 명확하고 타협도 없습니다. 주변 사람들의 안색을 살펴서 의지를 꺾는 일은 절대 없습니다. 자신이 바로 바이블이지요. 그 군더더기 없고 거짓 없는 삶의 자세가 마냥 멋있습니다.

제가 지금 일을 맡게 된 후로 지역 개발 프로젝트에 같이 이름을 올린 적이 몇 번 있었습니다. 같은 꿈을 그릴 수 있다는 사실이 영광이었지요. 그중 하나는 마침 지금 개업을 앞두고 준비에 한창인데, 사실 나카노 씨는 중간에 발을 빼겠다는 결단을 내렸습니다. 이유에 대해 많은 말은 하지 않았지만, 저는 이해할 수 있었습니다. 아마 프로젝트를 진행하는 과정에서 맞지 않는 점이 있었겠지요. 이미 거액의 자금을 투자했다 해도 발을 빼겠다고 마음먹으면 실행합니다. '조금만 더 기다려 주셨으면…' 하는 아까운 마음도 솔직히 있지만, 나카노 씨다운 결정이라고 생각했습니다.

창의력과 사업 센스를 겸비한 리더

데라다 창고에서 실행했던 개혁도 훌륭했습니다.

그렇게 과감한 혁신을 해내는 경영자는 보기 힘들지요. 창의력과 사업 센스를 겸비한 리더인 동시에 오너가 아님에도 강력한 결단력과 실행력을 발휘하는 사람이 바로 나카노 씨입니다.

가장 찬사를 보내고 싶은 부분은 '창고업'으로써 오랜 기간 가꾸어 온 데라다 창고의 제공 가치를 다시 보고 업태 자체를 바꿔버린 것입니다. 아시아 부유층에 눈을 돌린 귀중품 보관 사업을 전면으로 내세워 덴노즈 아이루라는 지역을 통째로 '예술의 거리'로 바꾸다니, 스케일이 남다릅니다. 그렇게 대단한 결과를 내고도 콧대가 높아지는 일이 없을 뿐더러 젠체한다는 이야기도 들어본 적이 없습니다.

앞으로는 사업의 포트폴리오를 새로이 구성할 수 있는 기업만이 살아남을 수 있습니다. 나카노 씨 같은 리더를 얼마나 배출해 낼 수 있는가, 그것이 산업계의 과제라고 저는 생각합니다. 그리고 저 또한 그 뒤를 따르는 사람이고 싶습니다.

인정이 두텁고 배려심 넘치는 인간미까지

또 하나, 나카노 씨가 경영자로서 특이한 점은 생활문화에 대한 깊은 이해입니다. 사물이 아닌 문화야말로 우리의 재산이 된다는 사실을 아는 나카노 씨는 예술을 사랑하고 그것을 만들어내는 사람들을 끊임없이 응원합니다. 본격적인 예술 시장을 만들려는 활동에도 적극적으로 참가해 왔습니다.

결과에 엄격해서 필요하다면 과감하게 잘라낼 줄 아는 나카노 씨는 한편으로 남들보다 정이 두텁고 배려심 넘치는 인간미까지 지녔습니다. 타인과 딱 붙어서 어울리지는 않지만, 그 사람의 본질을 꿰뚫고 지켜봅니다.

한 달 전쯤 일인데, 많은 사람이 모이는 파티에서 저를 콕 집어 전에 했던 일 이야기를 하며 '개혁에 적극적으로 임하는 사장이었다'라고 격려해 주신 적도 있었습니다. 눈물이 날 정도로 감격했고, 평생 따르겠다고 마음먹었습니다.

비록 의사 결정이 너무 빨라서 좇아가지 못하거나 엇갈리는 바람에 같이 할 기회를 놓칠 때도 있었지만 말입니다.

삶의 미학에 매료되다

저는 패션을 좋아하는데, 경영자의 인격도 겉모습에서 드러난다고 생각합니다. '겉모습이 뭐가 중요한가'라는 말은 거짓입니다. 어떤 옷을 입는가에 따라 삶의 미학이 배어나옵니다.

그런 면에서 나카노 씨의 패션은 정말 멋스럽습니다. 캐주얼한 청바지 위로 체형에 맞는 재킷을 말끔히 걸쳐 소화하지요. 명품이든 노브랜드든 자유롭게 조합해서 '좋아하니까 입습니다. 지금 이 옷을 입고 싶어서요'라며 스스럼없이 순수한 자신을 표현합니다.

그래서 있는 그대로 아주 자연스럽고 성실한 인상을 줍니다. 이런 것이 바로 어른의 패션 아닐까요? 나카노 씨를 만날 때마다 저는 패션을 소화하는 능력, 그리고 거기서 배어나오는 삶의 미학에 매료됩니다.

오니시 히로시(大西洋)
도쿄 출생. 1979년 게이오기주쿠대학 졸업.
미쓰코시 이세탄 HD 사장을 거쳐 2018년 6월부터 일본공항빌딩 부사장, 같은 해 7월부터 하네다 미래종합연구소 대표이사 사장을 겸임하고 있다.
하네다 공항 안팎에서 새로운 가치 창조를 목표로 지방을 활성화하고 문화 예술을 널리 퍼뜨리는 데 힘을 쏟고 있다.

있는 그대로, 일하라

망설임 없이 해라.
대신에 조령조개(朝令朝改)다.

저는 해야겠다고 마음먹으면

망설임 없이 추진합니다.

할 일은 바로 시작하는 것이 좋습니다.

지시는 명확히 내리는 편이라고 생각합니다.

대신에 '조령조개(朝令朝改)'입니다.

아침 6시에 했던 말이 두 시간 뒤에 바뀔 때도 있습니다.

사원들도 다 알기 때문에 처음부터

"나카노 씨, 지금은 그러시다가도

점심 지나면 바뀔지도 모르니까

바뀌면 대응할 수 있도록 신경 쓰면서 합시다"라고

말해 둡니다.

몽골의 초원에서는
아침에 아무리 해가 쨍쨍했더라도
낮에는 눈이 오기도 합니다.
그래서 코트를 챙겨야 하지요.
그 후에 또 다시 해가 비춰 기온이 30도까지 오르면
코트를 계속 입고 있을 수는 없습니다.

상황이 변하면 행동도 변해야 합니다.
두 시간 전에 자신이 했던 말에 사로잡혀
그릇된 판단을 내리는 일만큼은
절대 해서는 안 되는 행동입니다.
'이게 옳다'라는 진리는 어디에도 없습니다.
저 역시 제가 내린 판단조차
정하는 순간부터 의심하니까요.

생각이 떠오르면 소리를 내라.
얼마나 의욕이 넘치는지 전하려거든.

일을 할 때나 하지 않을 때나
'아, 이거 말해 줘야겠다'라는 생각이 떠오르면
곧장 전화를 겁니다.
저는 보통 아침 5시쯤 일어나서
멍하니 텔레비전 뉴스를 보면서
오늘 해야 할 일을 정리합니다.
6시 30분쯤 되면 떠오른 생각을
직원에게 전화로 전달합니다.
어디까지나 제 페이스에 따른 습관이라서
상대방에게는 미리
'전화를 못 받으면 안 받아도 돼.

음성사서함에 남겨 놓을게' 하고 말해 둡니다.
전화는 보통 하루에 열 번 정도 합니다.

왜 메일도 아닌 전화로,
게다가 시간 간격도 두지 않고 바로 전달을 하냐면,
생각이 떠올랐을 때 느끼는 그 설렘과 흥분이
가시기 전에 알려주고 싶기 때문입니다.
생각을 글로 적기 시작하는 순간에
의욕이 떨어지는 것이 싫습니다.
쉽게 말하자면 출발하자마자
브레이크를 밟고 싶지 않다는 뜻입니다.
목소리는 그 크기와 톤에 감정을 실어서
말의 내용 이상으로 많은 정보를 전달해 줍니다.
아이디어는 말로 하는 것이 가장 좋습니다.
그것도 '즉시' 말이지요.

안 되는 건 안 되는 것.
포기하고 다음으로 나아가라.

일에 사명감을 갖고 열심히 하라는
가르침을 자주 듣습니다.
맞는 말입니다.
그러나 한편으로는 포기하는 것도
필요하다고 저는 생각합니다.
다시 말해 자신에게 어울리는지 어울리지 않는지
잘 관찰해서 안 되는 건 안 된다고
포기하는 힘이 있어야 합니다.

어떤 형태로든 포기하지 않으면
다음으로 나아가지 못할 때가 있습니다.

적성에 맞는지 맞지 않는지를 잘 모르겠으면
단순하게 '하고 싶은가, 하고 싶지 않은가'로
판단해도 됩니다.
아무래도 마음이 내키지 않는데
'이것도 저것도 어떻게 해서든 해내야 돼'라며
전부 다 끌어안고 있으면 안 됩니다.

제 감각으로는 진정으로 혼신을 다하는 일은
일주일에 하나 했으면 많이 한 겁니다.
혼자서 전부 다 하려고 하지 말고
불가능해 보이는 일은
더 우수한 사람에게 맡기세요.
이런 발상이야말로 반드시 필요하지 않을까요?

그만두기를
주저하지 마라.

저도 지금까지
'그만두는 결단'을 몇 번이나 해 왔습니다.

되돌아보면 20년 정도 전에 '스즈야'라는 회사를
그만둔 후에 직접 회사를 세운 적이 있었습니다.
친구들에게 투자를 받아서 자본금은 6천만 엔.
도쿄 쇼핑센터 등지에 있는 점포를 일곱 군데 빌려
독자적인 루트를 통해 상품을 사들여
소매업을 시작했습니다.
매출은 그럭저럭 있었지만 시작하고 얼마 지나자
'독창성이 좀 부족해. 계속 하면 안 되겠는데'라는

판단이 섰습니다.

개업하고 7개월.

점포에 따라서는 오픈한 지 1개월 후라는

이례적인 속도로 문을 닫기로 했습니다.

은행 지점장은 좀더 해야 한다고 설득했지만

제 마음은 굳건했습니다.

"이 이상 계속하면 손해만 보고

지점장님한테도 폐만 끼칠 거예요."

계속 이렇게 말했습니다.

6천만 엔이 아깝다는 생각은 하지 않았습니다.

그 집착을 말끔히 버렸기에

결정적인 손실을 피할 수 있었습니다.

이 이야기는 저의 실패담이자 성공담입니다.

이 세상도 살 만하다.
낙관적으로 다시 시도해라.

지금까지 저의 인생을 객관적으로 바라보면 의외로

아슬아슬한 징검다리를 계속해서 건넜던 것 같습니다.

전쟁이 한창이던 때 태어나서

가정 사정으로 조부모 댁에서 자랐습니다.

일을 시작한 후로도 회사를 갑자기 그만두게 되거나

일본에서 쌓은 경력을 버리고

외국에서 다시 출발하기도 했습니다.

갖고 있던 것을 전부 털었다가

다시 시작하기를 반복해 온 인생입니다.

그러나 저 자신은 위태롭다는 감각이 없었습니다.

백지 상태에서 다시 시작하는 것이 두렵지도 않고

누군가 떠나간다 해서

인간을 못 믿게 된 적도 전혀 없었습니다.

이 세상도 살 만한 세상입니다.

분명 도와주는 사람이 나타납니다.

모든 애정을 듬뿍 쏟아준 할머니 덕분에

진심으로 그렇게 믿을 수 있게 되었습니다.

꾸중을 하더라도 그 후에는 반드시 꼭 안아 주셨습니다.

아이들은 꼭 껴안아 주면 정말 좋아합니다.

초등학교 1학년 때 담임이었던 다카하시 다키코 선생님도

쓸쓸해 보이는 저를 걱정해서

방과 후에 1분 동안 안아 주곤 하셨습니다.

그렇게 애정을 받으면 아이는 평생 기억합니다.

그 덕분에 사람을 잘 따르고

마음을 열 줄 아는 성격으로 바뀌었습니다.

경험이 없어도 좋다.
자유로운 발상으로 무조건 돌진해라.

소매업도 까맣게 모르면서 들어간

마미나라는 회사는

열 명 정도 되는 소규모 회사였습니다.

신입이든 상관없이 무슨 일이든 다 시켰습니다.

검품 센터도 만들고 상품을 사들이는 바이어도 하고

지금으로 따지면 마케팅 쪽 일도 했습니다.

이리 치이고 저리 치이면서

무조건 할 수밖에 없었습니다.

정해진 것도 하나 없어

스스로 더듬더듬 방법을 찾아갈 수밖에 없었습니다.

지금 생각해 보면 정말 행운이었지요.

'옷을 파는 건 이런 거야'라는
선입견이 없기 때문인지
자유로이 생각할 수 있었습니다.
우리만의 옷을 만들 때도
'소재는 한 종류만. 컬러도 3색으로만 하고
그 대신 다양한 사이즈를 준비하자'라며
그 당시 업계의 상식과는 정반대로 기획했습니다.

'전례가 없다'란
'무엇이든 가능'하다는 것입니다.
경험이 없는 게 강점이 됩니다.
이때 마미나에서 했던 성공 체험이
그 후 제가 일을 하는 스타일에
강하게 영향을 주었다고 생각합니다.

이해가 되지 않는 일은
그대로 넘어가지 마라.

저는 이해되지 않는 원칙에 얽매이고 싶지 않다는

스타일을 계속 고수하고 있습니다.

그래서 왜 있는지 모르겠는 회사의 규율도

전부 무시했습니다.

예를 들면 출근 시간.

왜 매일 아침 아홉 시에 자주적으로 전부 모여야 할까요?

가게는 열 시에 여니까 삼십 분 전에 오면 될 텐데

출근 시각을 왜 지켜야 하는지 이해가 가지 않아서

늘 지각 대장이었습니다.

아니면 게으른 버릇이 나왔던 것일까요?

지금은 핸드폰이나 인터넷이 있으니 어디서든 연락이 되지만 그 당시에는 그렇지 않았습니다.

저는 그때부터 작은 팀의 리더를 맡았는데,

제가 몇 시에 올지 몰라서

다들 꽤나 고생을 했던 모양입니다.

차로 출근하지 말라고 했는데, 렌터카를 손님용

주차장에 주차했다가 주의를 받은 적도 있었습니다.

"왜 차를 갖고 오면 안 되죠?"

"왜라니, 사고라도 나면 어쩌려고 그래?"

"괜찮아요. 보험도 들었고 사고를 일으켰을 때는

제가 책임질게요."

"네가 걱정되니까 하는 소리잖아."

"진심으로 걱정하지도 않는 사람이 걱정한다고

뭐가 달라지나요?"

"지금 뭐라고 했어!"

제가 하도 말을 듣지 않는 바람에 더 윗분까지

나와 큰 소동이 벌어졌습니다.

지금 생각하면 우습지만, 저는 아무리 사소한 일이라도

이해가 가지 않는 일은 그냥 넘어가지 않았습니다.

사내에서는 완전히 '별종'으로 유명해졌습니다.

자기 힘에만 맡기지 마라.
남의 힘을 빌리면 어떻게든 된다.

취직을 하고 5년이 지났을 즈음이었습니다.

이세탄백화점이 홍콩에 진출하게 되었습니다.

홍콩의 주권이 중국으로 반환되기 훨씬 전이었기 때문에

지금과는 상황이 달랐습니다.

그 당시에는 인터넷도 없었고

월급도 통장 입금이 아니라 해외 송금이었습니다.

이래저래 불편하다는 이유로

해외 근무를 거절한 사람이 몇 명이나 있었던 듯

저에게 홍콩으로 가라는 제안이 왔습니다.

저는 아무 생각 없이 알겠다고 대답했습니다.

영어를 할 수 있었느냐? 한마디도 못했습니다.

그 사실도 홍콩에 가서야 깨닫고
'큰일인데' 하며 진땀을 흘렸습니다.
익숙지 않은 땅에서
전문적인 지식을 가진 사람을 종업원으로
모아야 하는 등 이래저래 할 일은 산더미 같은데
말까지 통하지 않으니 갑자기 삐걱거리기 시작했습니다.

무슨 방법이 없을까 궁리하다가
항공회사 오피스에 찾아가기 시작했습니다.
항공회사에 다니는 현지 직원이 일을 마치길 기다렸다가
밥 먹으러 가자며 말을 걸었습니다.
상대해 줄 때까지 계속 했더니
'식사 정도는 같이 할게요' 하며 허락해 준 열 살 많은
여성에게 자초지종을 설명했더니
현지의 네트워크를 여러 가지 소개해 줬습니다.
그렇게 해서 드디어 일이 진행되기 시작했습니다.
부처나 여신은 어디서든 나타납니다.
정말 감사한 일입니다.

하고 싶은 일이 생기지 않는다면
그곳에 있는 의미가 없다.

홍콩에서 일본으로 돌아온 저는 이세탄백화점에서
즐겁게 일할 예정이었습니다.
그런데 단 1주일 만에
일이 예기치 못한 방향으로 흘러갔습니다.
앞에서 이야기한 대로 회사를 그만두게 된 것입니다.
이세탄을 그만두고 허송세월을 보내던 중 어떤 사람이
저를 본인 회사로 불렀다는 이야기를 전해 들었습니다.
그곳이 스즈야입니다. 스즈야는 일본에서 처음으로 생긴
패션 전문점으로 1960~80년대에 급성장한 회사입니다.
최전성기에는 국내에 'SUZUYA'라는
매장을 300점포 정도 열었습니다.

저는 마침 한창 성장하던 시기인 1973년에 입사했습니다.

명함에는 '사장실 이미지 담당'이라는

직책이 쓰여 있었습니다.

지금으로 말하면 브랜딩 정도로 볼 수 있을까요?

아무것도 모르고 들어온 저를 위해

새로 만들어진 일이었는데,

하고 싶은 일은 다 할 수 있는 포지션이었습니다.

마침 스즈야가 파리 진출을 계획하는 타이밍이었기 때문에

해외 부임을 희망했습니다.

파리에서 매장을 낸 후에는 뉴욕으로,

그리고 귀국한 후에는 쇼핑센터 프로젝트를 담당했습니다.

이제는 없어졌지만 '아오야마 벨 커먼스'라는

일본 첫 패션 빌딩을 만들자는 계획의 멤버도 됐습니다.

새로운 직장에서도 하고 싶은 일을 마음껏 했습니다.

뒤로 뺄 필요 없습니다.

하고 싶은 일이 생기지 않는다면

그곳에 있을 의미가 없다고 떳떳이 생각했습니다.

장소에 구애받지 마라.
어딜 가도 하는 일은 똑같다.

스즈야에 들어간 후 바로 파리로 갔고,

이어서 뉴욕으로 갔습니다.

언어도 유창하지 않으면서

현지의 매장 오픈을 담당했다는 이야기를 하면

'어떻게 했어요?' 하며 놀라는 분이 있습니다.

뭐, 대단한 일을 한 게 아닙니다.

어차피 일본에 있다고

지식을 발휘할 수 있는 것도 아니니

해외 도시에 가도 똑같습니다.

저는 오사카로 전근 가는 것과

똑같은 느낌으로 파리나 뉴욕에 갔습니다.

현지에 가서 가장 답답한 부분이

바로 '언어'입니다.

저는 영어도 못하고 중국어도 못합니다.

일본어도 어중간합니다.

힘든 것으로 따지면

중학교 1학년 입학 전에

사투리가 심한 아오모리로 이사했을 때

더 말이 통하지 않았습니다.

대화가 되지 않으면 일이 되지 않습니다.

그래서 처음에 서포터를 찾는 일이 아주 중요합니다.

저는 어디서든

저를 도와줄 사람을 찾는 능력이 뛰어납니다.

과거나 실적으로 판단하지 마라.
미래를 이야기할 수 있는
상대와 함께 해라.

의지가 되는 사람을 찾으려면 어떻게 해야 할까요?

그것도 말이 통하지 않는 이국땅에서 말입니다.

저는 아주 간단하지만 남들과는

상당히 다른 방법을 사용합니다.

일단 카페에 들어가서 가만히 앉아

다른 손님들을 둘러봅니다.

분위기가 괜찮은 사람이 있으면

은근슬쩍 관찰하고

눈이 마주치면 잠깐 말을 겁니다.

'저는 이런 일을 하고 싶어서

여기에 왔는데, 같이 하실래요?'

사람을 판단하는 포인트는 설명하기가 어렵지만
눈빛이나 온도. 뭐랄까, 느낌에 가깝습니다.
그때까지 그 사람이 과거에
어떤 일을 해 왔는지는
별로 흥미가 없습니다.
앞으로 어떻게 살아가느냐에 따라
인간은 얼마든지 변할 수 있기 때문에
과거를 평가해 봤자 쓸모가 없습니다.
실적으로는 판단하지 않습니다.
확증은 없지만
'어쩌면 같이 잘할 수 있을지도'
이 정도 느낌이 있으면
충분히 같이 일할 수 있습니다.
인연은 그런 식으로 시작합니다.

궁금한 사람이 있거든
당장 만나러 가라.

사람은 만나보지 않으면 모릅니다.

사람 사이에 쌓인 신뢰 관계로 일을 하기 때문에

실제로 만나 어떤 사람인지

서로 확인한 다음에 시작하는 것이 기본입니다.

저는 흥미가 가는 인물을 발견하면 일단 만나러 갑니다.

얼마 전에도 대만에서 일본으로 가는 비행기 안에서

문득 눈이 머문 기사를 잘라냈습니다.

진보쵸에 '교육하지 않는 미학교(美學校, 미술, 음악, 미디어

표현을 배울 수 있으며, 남녀노소 누구나 들어갈 수

있는 곳-옮긴이)'를 운영하는 사람이 있다는 기사였습니다.

흥미가 생겨서 땅에 내리자마자 예약을 넣었습니다.

신문기사 내용이 사실인지 아닌지는
실제로 만나서 이야기를 들어보지 않으면 모릅니다.
직접 '1차 정보'를 얻기 위해 발품을 파는 것은
사물을 이해하기 위한 지름길입니다.
생각났을 때 바로 약속을 잡을 수 있도록
되도록 스케줄을 빽빽하게 넣지 않습니다.
제 수첩은 늘 깨끗합니다.

발걸음이 가볍도록 유지하면 여백이 생기고
항상 새로운 것이 들어옵니다.
저는 그런 하루하루가 훨씬 더 즐겁습니다.

나카노 씨는 계속 나카노 씨다

데라다 창고 브랜딩 담당　　**데라다 도모코**

사물에 눈을 뜨고 어른이 될 때까지 저에게 나카노 씨는 '아버지 친구'였습니다. 가족이 다 같이 어울렸는데, 초등학교 저학년 때 홋카이도에 있는 토마무까지 스키를 타러 갔던 기억이 가장 오래된 기억입니다.

저는 대학 때부터 파리로 유학 가서 그래픽 디자인을 배웠습니다. 졸업 후에는 시세이도 파리에서 향수 브랜드 크리에이터인 세르주 루텐 밑에서 아트 디렉터를 했는데, 도쿄 본사로 들어가게 되면서 13년 만에 귀국했던 것이 2012년이었습니다.

디자인 일을 아주 좋아하고 존경하는 동료들도 많이 있었지만, 일본 대기업 특유의 합의를 중시하는 의사 결정 규율에 적응하지 못하고 독립하게 되었습니다. 그때 아버지에게 데라다 창고를 이어받아 사장으로 취임했던 나카노 씨가 저를 불러주어 2016년 9월부터 지금까지 현재 직책에서 크리에이티브 일을 돕고 있습니다.

아름다운 것을 가시화하여 세상에 퍼뜨리다

나카노 씨와 일을 하기 시작하자마자 디자인에 대한 높은 이해도에 깜짝 놀라면서도 감동했습니다. 아름다운 것을 가시화하고 그것을 세상에 퍼뜨리는 가치의 중요성에 대해 주절주절 설명할 필요가 전혀 없었습니다.

게다가 크리에이티브란 돈과 수고가 드는 것이라는 이해 아래(시간은 정해져 있지만), 디자이너의 일을 존중해서 이야기해 줍니다. 제가 창업가 출신이라 그런 것이 아니라 모든 사람에게 똑같은 태도를 취합니다.

크리에이티브는 생물이며 순수하고 뾰족뾰족할수록 재미있습니다. 사업 전체를 가장 잘 파악하는 책임자가 '이게 좋겠어!'라며 믿어 준다면 그게 최고 아닐까요?

이 점에서 나카노 씨는 감각을 믿고 즉시 결단을 내려주는 분이기 때문에 물건을 만드는 우리들은 정말 일하기가 편했고 만족할 만한 성과도 여러 번 냈다는 것에 감사했습니다. 뭐니 뭐니 해도 '이 지역의 부가가치를 높이려면 거리의 풍경이 아

113

름다워야 한다'라며 덴노즈지역의 전봇대까지 땅속으로 묻었으니 스케일이 정말 큽니다.

회사 로고를 새로 팠을 때도 눈 깜짝할 새에 일이 진행되었습니다. 새로운 로고를 만들라는 정식 발주가 있었는지도 잘 기억이 나지 않는데, 나카노 씨, 아버지와 저 셋이서 'T.Y.HARBOR'에서 식사를 하다가 제가 내민 한 장의 흑백 콘티를 본 순간, '이거야. 전부 이걸로 가자'라며 모든 것이 결정됐습니다. '기획서 싫어', '결과가 전부'라는 말을 공공연히 하던 나카노 씨다운 결정 방법이라고 생각했습니다.

알파벳 'T'를 세로로 반을 뚝 잘라서 괄호(「」) 모양처럼 배치한 아주 심플한 로고로, 그와 동시에 같이 생각했던 '여백 창조의 프로페셔널'이라는 콘셉트까지 상징하는 시인성 높은 심볼을 만들었다고 자부합니다.

서로 기대에 부응할 수 있는 관계로

그 후에도 나카노 씨는 디자인 중시 방침을 굽히지 않고 기업 사이트 리뉴얼 등도 스피드 있게 진행했습니다. 근래 10년 동안 데라다 창고의 이미지 전략은 성공했다 말할 수 있고 그

성공을 뒷받침한 나카노 씨의 공적은 위대합니다. 앞으로는 감성 경영 시대라고들 하는데, 딱 들어맞는 경영자일 것입니다.

제가 같이 일했던 세계적인 고급 향수 브랜드의 크리에이터 세르주 루텐. 그와 나카노 씨의 언동이 닮았다고 느낄 때가 가끔 있었습니다. 바꿔 말하면 뿌리부터 크리에이터 기질인 셈이지요.

게다가 나카노 씨는 숫자에도 강해서 경영자의 보는 눈까지 겸비했습니다. 일부 사람들에게는 맞지 않을지도 모릅니다. 그 사실은 나카노 씨도 잘 알고 있어서 직원들에게도 '서로 기대에 부응할 수 있는 관계를 맺읍시다' 하고 반복해서 이야기합니다. 우수하다고 판단하면 스무 살 신입 여성이라도 사업 책임자로 발탁해서 전 회사 사람들이 깜짝 놀란 적도 있었습니다.

'실행하는 것'을 좋아해서 우두커니 멈춰 있을 수 없다

제가 데라다 집안사람이라서 할 수 있는 이야기를 더해 보겠습니다. 세상 사람들에게는 '나카노 씨가 하고 싶은 대로 개혁을 진행했다'라는 이미지가 굳어 있기 십상인데, 저는 조금 다르게 봤습니다. 아버지나 오빠들과도 자주 이야기를 나눴을 테고, 전 사장이었던 아버지가 '이렇게 하고 싶어'라며 맡긴 비전을 실현해 주었습니다.

나카노 씨 자신은 '하고 싶은 일은 딱히 없어. 꼭 해야 할 일을 실행한 것뿐이야'라고 말합니다. 그리고 분명 '실행하는 것'을 좋아해서 우두커니 멈춰 있지 못하는 사람이라고 생각합니다.

어딜 가든지 누굴 만나든지 물들지 않고 나카노 씨의 스타일을 그대로 지키는 것이 정말 대단해 보입니다. 해외 여러 나라에 다녀오는데, 결코 어학에 능한 분은 아닙니다. 통역을 끼고 유럽이나 아시아의 중역들을 앞에 두고 기죽는 일도 없이 평소와 다름없는 태도로 대응합니다. 일본의 기업인들은 흔히 '생각해 보고 나중에 연락드리겠습니다'라고 대답하는데, 그런 일도 없습니다. 그 자리에서 즉시 대답해 일을 진행하기 때문에 외국인들도 두터운 신뢰를 보내는 것이겠지요. 사내에서 트러블 상담을 해도 바로 해결해 줍니다.

누구에게 어떤 말을 들어도 흔들림이 없습니다. 강한 주체를 갖고 처음 만난 사람들도 매료시키는 마술사이기도 합니다. 나카노 씨는 리더로서 그릇이 크다는 것을 새삼 느낍니다.

그와 반대로 내면은 섬세하고 상대방의 기분에 민감한 면도 있지 않을까 생각합니다. 그리고 단점도 물론 있습니다.

나카노 씨의 경영 판단은 실로 화려하지만, 자신의 건강관리 능력은 살짝 떨어집니다. 단것을 좋아해서 검사 때문에 식사 제한을 하는 중에도 몰래 찹쌀떡을 여섯 개나 먹어 의사에게 한 소리 들은 적도 있다고 합니다. 그 후로 비서가 '과자는 하루에 한 개'로 제한하기까지 했다고 합니다. 식빵 가장자리만 남기는 등 아이 같은 면도 있습니다.

'너무 칭찬만 하면 불편하니까 단점도 좀 말해' 하고 웃는 나카노 씨가 떠올라서 일부러 단점도 터뜨려 봤습니다.

데라다 도모코(寺田朋子)

주식회사 TETE BRANDING 대표. 파리의 ESAG Penninghen에서 그래픽 아트를 전공했다. 졸업 후에는 프리랜서를 거쳐 고급 향수 브랜드 SERGE LUTENS에서 아트 디렉터를 역임했다. 시세이도 도쿄 본사에 들어오게 되면서 귀국하여 글로벌 브랜드의 아트 디렉터로 취임했다. 2014년에 TETE BRANDING을 설립하여 브랜딩이나 광고, 디자인 영역에서 사업을 했다. 2015년부터 디자인 디렉터로서 데라다 창고의 리브랜딩 전략에 힘을 썼다. 2016년 9월에 데라다 창고 집행임원에 취임해서 현재에 이른다.

흘러가는 대로 살다

타인에게 부탁한다면
믿고 맡겨라.

아침부터 하나씩 날아드는 저의 지시를
우수한 직원들은 멋지게 해냅니다.
당연합니다.
저는 그와 그녀들의 뛰어난 능력을 알고 있기 때문에
부탁을 하는 것입니다.
제가 하는 것보다 100배는 더 일이 빠르니까
사람들의 능력에 의지하는 것이지요.

그러나 가끔 지시를 내리고 반나절이 지났는데도
진척이 없어 조바심이 날 때도 있습니다.
'내 아이디어를 간단한 키워드로 정리해 줘'

정도의 간단한 부탁을 하고
한참을 기다릴 때가 있습니다.
그러나 부탁을 하고 맡긴 사람은
본인이므로 참을 수밖에 없습니다. 어쩔 수 없지요.
오히려 두 시간 정도 걸릴 것이라고 예상했던 일이
한 시간 만에 완성되면 기분이 좋습니다.
감사의 뜻을 확실히 전달합니다.
다 했으면 칭찬합니다.
못 했으면 참습니다.

이런 자세를 일관하지 않으면
아무리 지나도 타인에게 맡길 수 없습니다.
그러면 혼자서 많은 일을 끌어안은 채
정말 해야 할 일을 못하게 됩니다.
성과를 제대로 내고 싶다면
타인에게 맡기는 것도 잘해야 합니다.

1초라도 빨리 판단을 내려라.
결단은 사장의 업무.

과장에게는 과장, 사장에게는 사장의 역할이 있습니다.
사장은 회사가 나아가야 하는 방향을 정해야 할
임무가 있기 때문에 좋게 좋게 결론을 내리겠다는
말을 해서는 안 됩니다.
'이렇게 해 보자'
'저것도 해 보자'라며 언제든지
제안할 수 있는 사람이지 않으면
사장 자격이 없다고 생각합니다.

그리고 중요한 것은 결단력입니다.
그것도 빠른 결단력이지요.

회사에서 일하는 사람들이 여유를 갖고

일을 진행하기 위해서는

사장이 1초라도 빨리 판단을 내리는 것이 중요합니다.

사장이 결정을 내리지 못하고 질질 끌다가

마지막에 방침을 결정한다면

현장은 절대 움직이지 못합니다.

시간이 지체되는 것도 아깝고,

작업할 수 있는 시간이 줄어드는 만큼

일의 질도 떨어집니다.

게다가 결정이 늦어지는 동안에도 환경은

시시각각 변하기 때문에 점점 정확도는 떨어집니다.

바로 결정하는 것.

그것이 사장에게 필요하고

가장 중요한 일이라고 생각합니다.

보고 연락 상담도 기획서도 필요 없다.
결과만이 전부다.

저는 예로부터 남들이 시켜서 하는 일은
재미가 없다고 생각했습니다.
사장이 된 후로 현장 일은 철저히
현장에게 맡기는 주의입니다.
보고 연락 상담도 필요 없습니다.
그런 건 전혀 필요 없으니
마음대로 하라고 늘 강조했습니다.
제 승낙을 얻기 위해 일부러
기획서를 쓸 필요는 없습니다.
잠깐 말을 걸어 이야기를 해 주면
"아, 괜찮은 것 같은데? 해봐" 하고 끝나는 이야기입니다.

사무적인 절차만 관리 부문에 상담하라고
말하는 것이 전부입니다.
품의서를 통과시키는 데 노력을 쏟기는 아깝습니다.
일을 하나 시작하려는데 번거로운 업무가
앞을 딱 가로막고 있으면 부담스럽지 않습니까.

여기까지 들으면 쉬워 보이는데,
결과에 대해서는 엄격합니다.
하는 것은 자유. 그러나 결과가 나오지 않거나
기대에 부응하지 못하면 월급은 점점 줄어들고,
그게 이어지면 결국 해고됩니다.
직책에 맞게 책임을 제대로 지도록
늘 같이 확인합니다.
서로 기대하는 관계가 바탕에 깔려야 일이 성립합니다.
몇 년이나 있으면서 아무 제안도 하지 않는 사람과는
더 이상 함께 일해도 의미가 없다는 생각이 듭니다.

숫자는 흐름으로 본다.
심플하게 판단해라.

저는 기억력이 좋은 편인데,

그중에서도 특히 숫자에 강합니다.

한 번 들은 숫자는 거의 다 기억합니다.

회사 매출이나 이익에 대한 금액은

몇 년 전 숫자였는지도

정확히 연결 지어서 머리에 들어 있습니다.

'어떻게 그렇게 외울 수 있어요?' 하며

담당자들도 깜짝 놀라는데

돈을 '흐름'으로 파악하기 때문일 테지요.

회계에는 다양한 조작 기술이 있지만,

전체 금액이 늘어났는가? 줄어들었는가?

그 총량은 거짓말을 하지 않습니다.

금액의 변화에는 반드시 이유가 있습니다.

그래서 제가 회사 경영을 체크할 때는

그룹 전체의 예금 통장을 갖고 오라고 말합니다.

그리고 전체 통장의 잔액을 더해서 반년 전과 비교합니다.

회사의 규모로 따졌을 때

3천만 엔 정도 차이는 큰일이 아니지만,

예를 들어 32억 엔이 갑자기 20억 엔으로

줄어들어 있으면

무언가 문제가 있는 것입니다.

그렇게 돈의 흐름을 보면 판단을

크게 잘못하는 일은 없는 것 같습니다.

죽으면 꽃이 열매를 맺을까?
회사나 팀은 살아남았을 때 빛을 발한다.

저는 타인을 믿고 타인에게 기대를 걸지만
결과를 평가할 때는
비교적 건조하게 판단하는 타입인 것 같습니다.
옛날부터 오너와 알고 지내던
데라다 창고의 고문을 하다가
'내가 좀 해볼게'라며 무작정 부탁해서
사장이 된 것이 2011년 일입니다.
그로부터 8년 후에 퇴임할 때까지
저는 뿌리부터 싹 뽑아 개혁하여
대규모 사업 전환에 성공했습니다.
그 방침에 이해가 가지 않는다는 사람에게는

'회사는 넘칠 정도로 있으니까
자신에게 맞는 회사를 찾아보세요' 하고
이직을 권했습니다.

저는 그때 내린 판단이 틀렸다고 생각하지 않습니다.
회사도 팀도 살아남았을 때
은혜를 갚을 수 있는 것입니다.
죽으면 꽃이 열매를 맺을 수 있나요?
저는 과거에 제가 재직했던 회사가
기세를 잃어버린 모습을
봐 왔기 때문에 살아남는 것에 집착하고 싶습니다.
어떻게 하면 살아남을 수 있을까.
어떻게 하면 남에게 기대를 받는 존재가 될 수 있을까.
그것을 가장 우선해야지,
'남들이 어떻게 생각할까?'라며 눈치만 보고 있다가는
속수무책으로 무너지게 됩니다.

부하를 육성한다는 것은 어불성설.
그저 죽을힘을 다해 어울릴 뿐이다.

스즈야에서는 하고 싶었던
일을 마음껏 했습니다.
그러나 변함없이 말이 통하지 않고
느긋한 데다 여자 문제까지 있어서
사원으로서는 별 볼일 없는 인재였을 테지요.
회사 분위기는 좋아서 점점 규모가 커지고
어느새 부하도 늘어났습니다.
재직할 당시 마지막에는 2천 명이 훨씬 넘는
부하가 있었습니다.
그런데 정작 저는 부하가 있다는 자각이 별로 없어서
위아래 따지지 않고

동료가 많이 있는 듯한 기분이었습니다.

대체로 저는 야무진 사람이 아니기 때문에
사람을 육성하는 등
그런 대단한 일은 못합니다.
윗사람 눈치를 보지 않듯이
아랫사람에게도 막 대하지 못합니다.
부하를 키운다는 것은 당치도 않아서
오히려 제가 부하에게
키워 달라는 마음이었습니다.
저보다 훨씬 우수한 부하들과 일할 수 있어서
제가 기쁜 마음으로 따라갈 수 있도록
그저 죽을힘을 다해 어울렸던 것 같습니다.

인생의 항로는
흘러가는 대로.

대만으로 생활 터전을 옮기고 벌써 25년이 넘었습니다.
정이 두텁고 어딘가 시골 느낌이 나는 문화가 저와
잘 맞아서 우왕좌왕하는 사이 현지 기업에서
일하게 되어 어느덧 시간이 이렇게 흘렀습니다.
해외에서 살자고 마음먹은 것은 스즈야가 한창
성장할 때 리더 직을 맡은 후로 17년이 지나
이제 제가 있을 자리가 없다고 느꼈기 때문입니다.

그 시기에 저에게는 이런저런 제안도 있었고
'그 건은 어떻게 됐나요?'라며 뒤에서 캐내려는
전화가 끊이질 않아서 솔직히 매우 성가셨습니다.

왠지 제가 바라지 않는 환경으로
흘러가는 듯이 느껴졌기 때문에
발을 빼자고 마음먹은 것입니다.

한 번 정하면 행동은 빠릅니다.
이튿날에 공항에 가서
눈에 쏙 들어온 싱가포르행 티켓을 사서
비행기에 탔습니다.
일본에서 했던 일의 행적을 남김없이 지우고 떠나려면
사라지는 것이 가장 좋다고 생각했기 때문입니다.
이 시점에서는 이미 싱가포르에서 살 생각이었는데
마침 그 비행기가 대만을 경유했던 탓에
한 시간 반 정도 타이베이에 머무르게 되었습니다.
그때 '그냥 여기로 하자' 하고
그대로 입국해서 눌러 살게 되었습니다.
미련 없이 버렸더니
다음 세상의 문이 활짝 열렸습니다.

궁금하면 쳐들어가자.
어디서부터든 길은 열린다.

스즈야 임원직에 사표를 내고 우연히 지나가게 된
대만에 입국했을 뿐이니 아무런 연고도 없었습니다.
직장은 물론 그날 머물 곳도 정하지 않았습니다.
믿지 못하는 사람들이 꽤 많은데 사실입니다.
할 일이 없어서 일단 타이베이의 거리를
여기저기 걸어보기로 했습니다.
그러다 거리에 근사한 건물이 보여서 다가갔더니
'대만 총통부'라고 적혀 있었습니다.
더 가보니 일본식 건물이 있었고
'경제부'라고 적혀 있었습니다.
'이런 곳이 있구나'라며 흥미가 생겨

들어가려고 했더니 경비원이 막아섰습니다.

"선약 하셨습니까?"

"아니요. 재미있을 것 같아서 그러는데
안에 들어가면 안 되나요?"

"오늘 견학은 끝났습니다."

그런 말을 듣고 더 흥미가 생기니
입에서 그럴싸한 말이 술술 흘러 나왔습니다.

"대만을 위해 도움이 되는 일을 가져 왔는데요.
누구 괜찮은 분 안 계실까요?"

"약속이 없으면 안 됩니다."

"5분이면 돼요."

"안 된다고요."

"대만 정부도 참 그릇이 작네."

그렇게 막무가내로 실랑이를 벌이던 중에 누군가
지나갔습니다.

제 인생에 몇 번이나 나타나는 부처님 등장입니다.

흘러가는 순간을
온 힘을 다해 살아라.

대만 총통부의 경제부 접수처에서 끈덕지게 버티고
있었더니 "무슨 일이에요? 뭐 문제라도 있나요?"라고
일본어로 말을 걸어 온 여성이 있었습니다.
역시 친일 성향의 사람이 많은 대만입니다.
자초지종을 설명했더니
"그럼 제가 이야기를 들어 줄 수 있는데
지금은 안 되니까 두 시간 후에 이쪽으로 찾아오세요."
그렇게 말하며 건네준 명함에는
무슨 국장이라고 적혀 있었습니다.
'저 사람 대단한 분이었구나. 운이 좋네.'
그렇게 생각하며 밖에서 차를 한잔하고 다시 찾아갔습니다.

안내 받은 방 안쪽에는

아까 만난 그 여성이 앉아 있었습니다.

"15분만 드릴게요. 당신이 대만에서

무슨 일을 할 수 있는지 영어로 설명해 주세요."

"일본어는 안 되나요?"

"제가 일본어를 그렇게 잘 알지는 못해요."

이거 난처하네. 영어는 쥐약인데.

식은땀을 흘리며 쩔쩔매면서 이야기를 했더니,

그녀는 '알았다'라고 대답했습니다.

"나머지는 내일 이어서 해요. 어느 호텔에 묵고 있나요?"

"이제 막 와서 아직 예약을 못했어요."

"그래요? 그럼 대신 잡아줄 테니까.

내일은 여기로 가 봐요."

그렇게 안내를 받아 간 곳은 중국생산성센터였습니다.

기업 오너들의 연수 기관입니다.

저는 그 후에 교수라 불리며

집중 강의를 맡게 되었습니다.

번뜩 떠오른 생각으로 시작한 것이
생각지 못한 전개를 부르다.

불쑥 찾아가 프레젠테이션을 한 후에 교수가 되었습니다.
대체 제가 무슨 이야기를 했냐면,
이런 내용이었습니다.

대만은 제조의 생산 거점으로 발전해 왔지만
할 수 있는 능력이 좋은 물건을 싸게 만드는 것뿐이라
일본의 꽁무니를 따라가게 됩니다.
서력 1600년의 산업 혁명 이후로
우리 아시아인은 앵글로색슨족에게 농락당해 왔습니다.
이대로 세상의 2인자인 채로 만족할 생각입니까?
더 가치 있는 것을 세상에 팔 생각은 없습니까?

더해서, 당시에는
이제 막 인터넷을 개발하던 시절이었는데
미국의 군사 정보에 그 징후가 있다고 들은 적이 있어서
'다이렉트 마케팅의 시대가 분명히 온다'라는
예상도 했습니다.

아무튼 그렇게 멍석을 깔았더니 이야기가 점점 부풀어서
갑자기 하루에 네 번,
일주일에 다섯 번의 강의를 하게 되었습니다.
프로그램도 없어서 그냥 생각나는 대로
이야기할 수밖에 없었는데, 왠지 모르게 인기가 생겨서
어느새 학생이 50명, 100명으로 늘어나
교실도 가장 큰 곳으로 바뀌었습니다.
무작정 시작한 것이 신기한 방향으로 전개되었는데,
거기서 또 생각지 못한 전개가 기다리고 있었습니다.

새로운 일에 도전해라.
안 되면 어쩔 수 없다.

흘러가는 대로 시작한 강의가 왜인지 호평을 얻은 듯

매주 다양한 대만 기업에서 파견된 학생들이 찾아왔습니다.

교실을 넓히면서 8주, 9주 강의를 이어가던 어느 날,

한 학생이 저에게 말을 걸었습니다.

"선생님, 우리 회사에 안 오실래요?"

그 회사가 대만의 부동산 재벌인 리바그룹이었습니다.

저는 그곳의 백화점 부문 책임자로서 경영진이 되었습니다.

그 후에는 파이스턴그룹으로 옮겼습니다.

여기서도 학생이 제안을 했습니다.

우수한 비서를 24시간 체제로 곁에 두고

극진한 대접을 받았습니다.

그럴 생각은 없었는데, 어느새 그룹 중핵 회사의
사업 COO(최고 집행 책임자)가 되었으니
정말 놀랄 일입니다.
백화점 사업이라고 해 봤자
저는 이세탄에서도 자회사 출신이었고
사업의 극히 일부만 경험했을 뿐이었습니다.
또 새로운 일에 도전하는 국면에 서게 된 것입니다.

이것 참 '기묘하게 되었네'라고 생각하면서도
대만에 계속 있었던 이유는
대만인의 기질이나 문화성이 마음에 들었기 때문입니다.
일본의 도호쿠지역이나 규슈의 시골 같은
따스하고 온화한 분위기가 좋았습니다.
상징적인 것이 그들이 입버릇처럼 말하는
'몰유판법(沒有辦法)'입니다.
'어쩔 수 없다'라는 뜻인데,
'해 봐도 안 되면 어쩔 수 없다.
포기하고 다음으로 가자'라는 호쾌함이 있습니다.
괜히 들러붙지 않는 이 가치관을 저도 좋아합니다.

직책은
자랑이 아니다.

저는 출세에 별로 흥미가 없었지만
웬일인지 그런 대로 높은 직책을 맡게 되었습니다.
그래도 저를 '사장'이라고 부르는
사원은 아무도 없었습니다.
직책이 어떻게 바뀌어도 저는 늘
'나카노 씨라고 불러요' 하고 말했습니다.
'제가 오늘은 우연히 사장을 하고 있지만
내일은 그만두고 공원 청소부를 하고 있을지도
모르니까요'라면서 말이지요.
사실 회사의 직책은 그저 포지션이라서
각각 책임의 범위가 다른 역할을 맡고 있는 것뿐입니다.

인격과는 전혀 다르기 때문에

사장이라고 뽐내는 것도 이상합니다.

아무리 사장이 대단하다 한들

이 세상에는 수도 없이 많은 사장이 존재합니다.

통계에 따르면 일본 국내만 해도

4백만이 넘는 회사가 있다고 하니

사장도 그 수만큼 있다는 뜻이지요.

임원은 훨씬 더 많습니다.

넉넉하게 천만 명은 넘을 것입니다.

이렇게 세상에 넘쳐나는 포지션에 있으니

아무런 자랑거리도 되지 않습니다.

게다가 변경이다 퇴임이다 밥 먹듯이 바뀌니

'음, 나카노 씨가 지금 전무였나? 상무였나?'

이러면서 신경을 쓰게 만드는 것도 미안할 따름입니다.

간단하게 '~씨'라고 부르는 것이 제일 좋습니다.

나라면 이렇게 한다.
비판 정신이 일을 갈고 닦는다.

여성복 사업, 해외 출점, 백화점, 창고 경영….

되돌아보면

저는 늘 경험하지 않은 분야에만 인연이 있었습니다.

그렇지만 해본 적이 없어서 불안하다고 생각한 적은

한번도 없었습니다.

어릴 적부터 선배나 경영층이 하는 일에 대해

어딘가 비판적인 눈이라고 할까?

'나라면 이렇게 할 텐데'라고

생각하는 버릇이 있었기 때문일지도 모르겠습니다.

업무 이외의 시간에도 마찬가지입니다.

예컨대, 동창회 자리에서 친구와 대화를 할 때

'이 가게는 이렇게 하면 더 잘될 것 같지 않아?' 하며
이런저런 생각을 합니다.

20대쯤에 일했던 마미나에서도 저는
상당히 건방졌습니다.
선배에게 '그건 아닙니다. 방법이 이상해요.
저는 이렇게 생각합니다'라고 똑 부러지게 말했습니다.
'너는 시킨 대로 하기나 해' 하고 꾸중을 들어도
듣는 시늉도 하지 않았습니다.
제 식대로 하고 나중에 보고했다가 혼쭐이 났습니다.
마미나 출신 모임에 나가면
동료였던 여성들이 무지 비웃습니다.
"나카노 씨는 세 살 난 어린애 같았어.
일을 할 때도 좋아하는 일에만 푹 빠져 있었지."
이런 말을 듣습니다.
"그건 좋은 건가?" 하고 시치미를 떼면
"당연히 안 좋은 거지" 하고 또 혼이 납니다.

가진 자산을 다시 봐라.
그러면 저절로 답이 보인다.

데라다 창고라는 회사는
정부에서 쌀을 맡기는 창고로 1950년에 창업했습니다.
당시에는 물로 둘러싸인 입지 조건을 살려
안정적인 경영을 했는데, 국내는 배보다 비행기나
트럭으로 물류가 이루어지면서 물류의 종류도 양도
늘어났고, 원래 하던 창고업만으로는
경영이 어려워졌습니다.
제가 사장 자리를 부탁해서 경영권을 넘겨받았을 때는
개혁 같은 대단한 것은 생각하지 않고
'새로운 마음으로
새로운 회사를 만든다면?'이라는

마음가짐뿐이었습니다.

현재의 데라다 창고가 덴노즈 아이루에 갖춘
창고의 면적은 모든 건물을 합쳐서 약 10만m^2입니다.
일반적인 창고로 장사를 한다면 물류적 관점에서
봤을 때 더 규모가 크고 위치가 좋은 라이벌에게
이길 수 있을 리가 없습니다.
가진 자산의 가치를 높이려면 어떻게 해야 할까요?
저는 회사의 자산은 '창고'뿐만이 아니라고
다시 생각했습니다.
데라다 창고가 원래 갖고 있는 자산은 부동산입니다.
다시 말해 장소이자 공간입니다.

그랬더니 저절로 답이 보였습니다.

가치를 높이는 발상이
개혁을 낳는다.

과거 실적이나 지금 보이는 것을 전부 버리고
투명한 안경을 쓴 채 그 자리에 서기.
그리고 진정으로 그 장소가 살 수 있는 방법은
무엇인지 곰곰이 생각해 보기.
공항으로 가는 교통편이 편리하다는 점이나 공간의 장점을
생각해서 가장 가치를 높이는 방법은 무엇인가.
결론은
'아시아 부유층을 대상으로 한 보존 보관 사업'이었습니다.
짐을 그저 맡기만 하는 것이 아니라 와인이나 예술 등
보관 환경에 따라 가치가 변하기 쉽고
고객이 소중히 보존하고 싶은 물건을

안심하고 맡길 수 있는 창고를 만드는 것.

정치적으로 불안한 나라가 많은 아시아권의

부유층들에게 안전한 브랜드를 확립한 일본,

게다가 공항에서 가까운 곳에 맡길 수 있는 거점이

생긴다는 것은 수요가 매우 높은 서비스라고 생각했습니다.

한편으로는 누구나 간단히 상자 단위로 창고를 가질 수 있는

클라우드 창고 미니쿠라(minikura)도 시작했습니다.

부가가치가 올라가면 1평당 벌 수 있는 금액도 올라갑니다.

만약 1평당 한 달에 5천 엔을 더 벌 수 있으면

10만m^2에 1.5억 엔,

연간으로 따지면 18억 엔이 올라갑니다.

이렇게 가치를 높이는 발상이 다양한

개혁을 낳게 되었습니다.

귀를 기울여
그곳의 소리를 지그시 들어라.

제가 사장이 되어 해 온 일을 '참신한 개혁'이라며
"어떻게 해야 그런 발상력을 기를 수 있나요?"라는 질문을
받는 일이 종종 있습니다.
저는 특별한 일은 아무것도 하지 않습니다.
재능 있는 이노베이터도 아닙니다. 한 일이라고는
그저 그 자리에 서서 몇 시간 동안 가만히 지내면서
목소리에 귀를 기울이는 것입니다.
바로 그 장소가 말하는 소리지요.
'아, 여기는 이런 식으로 활약하고 싶어 하는구나.'
이렇게 느낍니다. 누군가 아는 척하며 주는 조언이나
데이터는 잡음일 뿐이니 듣지 않아도 좋습니다.

그저 가만히 그 자리에서 귀를 기울입니다.
그러려면 역시 일상생활에 여백이 필요합니다.
정신이 없고 여유가 없으면 정말로 중요한 목소리는
귀에 들어오지 않습니다.

23년 전에 덴노즈 아이루의 레스토랑 'T.Y.HARBOR'의
경영을 이어받았을 때도 원래 있던
프랑스 레스토랑에서 분위기를 확 바꿨습니다.
전부터 있던 양조 공장을 살린 개방적인 공간에는
낮에도 밤에도 많은 사람이 찾아와서 예약하기가
하늘에 별 따기인 가게가 된 것은 정말 기뻤습니다.
오픈하고 2년째부터 제가 사장을 맡았던
6년간을 돌아보면 마치 꿈만 같습니다.
이것도 그 후에 똑같은 레스토랑을 경영하는
현재 TYSONS&COMPANY의 사장
데라다 신페이 씨의 감성과 노력일 테지요.

고집을 버리고
상대가 원하는 것을 내밀어라.

일본에서 성공한 가게를 해외로 진출하려고 할 때도
잘되지 않는다는 이야기를 자주 듣습니다.
저는 아시아, 유럽, 미국 등 다양한 나라에서 매장 일을
해 왔는데 엄청 고생했다는 기억은 없습니다.
가장 중요한 것은 고집을 버리는 것.
'이런 가게를 만들고 싶어'라는 이미지를 굳힌 다음에
도전하는 것은 좋지 않습니다.
그 도시의 분위기를 잘 관찰하고 '무슨 규제는 없나?' 하고
물은 다음에
상대의 문화나 '룰'에 맞는 것을
새로 생각해야 합니다.

이미 만들어진 완성품을 복사하는 것이 아니라
새롭게 다른 가게를 만든다는
마음가짐으로 있는 편이 좋습니다.
월드와이드한 체인점을 널리 퍼뜨리는 것이 아니라
새로운 브랜드지요.
왜냐하면 그쪽이 원하지 않는 것을 내밀어 봤자
소용이 없기 때문입니다.
그 나라 그 지역의 문화에 녹아들어가지 않으면
살아남을 수 없습니다.
현지인들이 그 지역의 가게인 줄 아는 것이 가장 좋습니다.
그렇게 해서 결과적으로 일본에 도움이 되면 됩니다.
'일본다운 면을 살리자'라고 전략을 굳혀서
뛰어드는 것이 아니라
높은 곳에서 낮은 곳으로 물이 흐르듯이
어떤 모양으로든 바뀔 수 있는 유연함을 가지는 것이
비결 아닐까요?

물어보면 누군가 가르쳐준다.
기존의 조합이면 된다.

대만에서도 다양한 일을 했지만

경험하지 않은 분야로는

'수족관 설립'을 맡은 적도 있습니다.

맡았다기보다는 제가 생각해 낸 것입니다.

'주택을 팔려면 어떻게 해야 하나'라고 물어보기에

'빌딩 지하에 수족관이라도 만들어 보면 어떨까요?' 하고

제안한 것입니다.

오케이 사인이 나오긴 했지만 해본 적이 없어서

또 맨땅에 헤딩할 수밖에 없었습니다.

제 특기를 살려 이케부쿠로의 선샤인 수족관 등

유명한 수족관에 무작정 찾아가서

'어떻게 하면 수족관을 만들 수 있나요?' 하고 물었습니다.
그랬더니 설계 전문가를 소개해 줬고
거기에 더해 수족관 전용인 수압에 대응한
플라스틱 개발 전문가, 수질 관리 전문가 등
줄줄이 소시지처럼 선생님들이 계속 나왔습니다.

당연하지만 물어보면 누군가 가르쳐줍니다.
모르면 배우면 됩니다.
이미 누군가 쓴 적 있는 기술도 몇 가지를 조합하면
새로운 기술이 될 때가 꽤 있습니다.
이미 세상에 있는 기술을 공부한 후에
'살짝 차이를 주려면 어떻게 해야 할까?' 하고
생각해 보면 됩니다.
계속 생각하다 보면 어느 날 갑자기 아이디어가
번뜩 떠오르기도 하는 법입니다.

가장 큰 영향을 받은
인생 선배 중 한 사람

NOBODY합동회사 대표사원 **나카노 간타**

아버지는 부자 관계라기보다 '가장 큰 영향을 받은 인생 선배 중 한 사람'이라는 존재였습니다. 그런 표현이 딱 들어맞는 것 같습니다.

제가 어릴 적, 거의 30년 전이기 때문에 아마 아버지가 한창 바빴던 시기였을 겁니다. 그때 아버지는 한 달에 한두 번 정도 집에 들어왔습니다.

가끔 집에 왔다 싶으면 정치 경제에서 무슨 일이 일어나고 있는지 아이를 상대로 주야장천 '세상 강의'를 펼쳤습니다. 그런데 재미가 없지는 않아서 '우와, 재미있다'라고 생각하며 계속 들을 수 있었습니다.

'투자가의 관점'을 가진 경영자

거의 만나지 못했던 시기를 지나 자주 얼굴을 마주하게 된 것은 제가 성인이 되고 나서입니다.

2010년에 데라다 창고에 취직해서 2년 반이 지났을 무렵에 금융 사업을 배우려고 은행으로 옮겨 2년 정도 일했습니다. 그 후 필리핀, 캐나다, 오스트레일리아로 총 1년 정도 어학연수를 갔고, 귀국 후에는 벤처기업을 돕기도 하고 식료 자급률 향상을 위한 사업을 직접 시작하기도 했습니다. 그러던 중에 '데라다 창고에서도 요식업 프로젝트가 몇 개 있어'라며 제안을 받고 다시 입사했습니다.

그런데 막상 입사해 보니 일주일도 채 되지 않아 처음에 들었던 프로젝트 3개 중 2개가 무산되었습니다. '수지타산이 맞지 않으니 역시 그만두는 게 낫겠어'라며 거침없이 버렸습니다. 손절이 또렷하고 괜한 미련을 갖지 않는다는 점에서 '투자가의 관점'을 가진 경영자라고 느꼈습니다.

시작할 때와 비슷할 정도의 강한 의지로 그만두는 결단도 내릴 줄 압니다. 아버지가 중요하게 생각해 왔던 철저한 스피드 중시, 그리고 그로 이루어낸 성과의 임팩트. 그것이 바로 데라다 창고가 근래 10년 동안 바뀌었다고 평가 받는 이유가 아닐까요? 단기간에 바뀌었다고 인정받기 위해서는 그에 걸맞은 변화율이 요구될 테니까요.

아버지는 언제든지 바뀔 수 있다는 점에 유난히 신경을 썼습니다. 그때까지 국내외를 걸쳐 몇몇 기업에서 경영을 맡을 때 오퍼를 받는 조건은 항상 '전권을 맡길 것'이었다고 들었습니다. '경영자는 변화를 기대 받기 때문에 아무것도 변하지 않는다면 교대할 의미가 없다'라고 말이지요. 이 부분에는 크게 고개를 끄덕였습니다.

'심플 이즈 베스트'를 섭렵한 사람

나카노 요시히사라는 경영자를 한마디로 표현하자면, '심플 이즈 베스트'를 섭렵한 사람입니다. 좋은 의미든 나쁜 의미든 그런 것 같습니다.

좋은 면에서 말하자면 언제든지 원점으로 돌아와서 우선적으로 없애야 할 것을 똑바로 판단하고 선택할 줄 압니다. 원래는 목표를 단 하나만 정해서 돌진했는데, 의논을 거듭하다 보면 이런저런 옵션이 붙어 점점 상황이 복잡해집니다. 사업을 하다보면 흔히 일어나는 그런 상황에서도 아버지는 망설임 없이 '심플'로 돌아와서 본질 이외의 것을 전부 제거하는 데도가 텄습니다.

반대로 말하자면 복잡한 상태를 그대로 가진 채 일을 결정하는 것이 어렵겠다는 생각도 듭니다. 얽히고설킨 방대한 정보를 이해하고 심플한 선택지로 만들려면 혼자서는 어렵겠다는 자각을 하고 있는지도 모르겠습니다. 우수한 직원을 주변에 두고 정보를 차곡차곡 모아 정리한 다음 결정력을 높여 팀으로서 기동력을 높이기 위해 노력하는 모습이 옆에 있으면 잘 보입니다.

아버지가 좋아하는 '적재적소'란 말은 당신 자신에게 하는 말이 아닐까 생각합니다.

다시 말해 아버지는 결코 '전지전능한 사람'이 아닙니다. 어떤 의미로는 호쾌하고 자신의 약점을 인정하며 '할 수 있는 일을 최대화하는 것'에 집중합니다. 그 결과가 심플하게 자신의 직감을 믿고 결정하는 그의 삶에 그대로 반영되어 독자적인 무기가 된 것입니다.

단지 제가 봤을 때는 '사전에 조금만 더 신중히 생각해서 과도하게 스피드를 중시한 나머지 소홀히 하는 부분에도 눈을 돌리면 좋으련만'이라고 생각할 때도 있습니다. 물론 가족의 입장을 포함해서 말이지요.

죽기 10초 전이 행복하면 그걸로 됐다

부모로서 이런저런 지도를 받은 적은 없습니다. 20대에 사업을 하기로 마음먹었을 때도 '자신이 성장하기 위한 도전이라면 하는 게 좋지'라며 든든한 지원군이 되어 주었습니다.

인생은 덕과 미가 차곡차곡 쌓인 것이며 사업의 대부분은 업보다. 그러나 인생의 49%가 업보였다 해도 51%가 덕이라면 성공이라는 말도 했습니다.

아버지가 입버릇처럼 했던 '죽기 10초 전이 행복하면 그걸로 됐다'는 메시지를 '몇 번을 실패해도 된다. 마지막에 웃는 자가 이기는 것'이라는 응원의 말로 받아들이고 있습니다.

나카노 간타(中野敢太)

1987년생. 2010년 데라다 창고 입사, 법인 영업을 경험한다. 2012년부터 2년 동안 도시 은행 근무를 거쳐 해외로 유학. 귀국 후에는 벤처기업 지원이나 사업에 관심을 갖고 그 당시 이에 주력했던 데라다 창고로 다시 입사하기로 한다. 정책 비서로서 나카노의 직할 부문 프로젝트 책임을 맡았고, 2019년 사업 개발 담당 집행 임원에 취임했다. 2020년에 데라다 창고를 퇴사하고 벤처기업 CSO(고객만족경영자), CFO(최고재무관리자)를 겸임하면서 자신의 사업을 확장하는 데 온 힘을 쏟고 있다.

지금을 즐기다

매일 아침 빠지지 말고
스스로에게 맹세해라.

아침부터 부산스럽게 움직이는 저는
어디에 있든지 외출하기 전에
반드시 하는 습관이 하나 있습니다. 기도입니다.
기도라고 해 봤자 아주 사소한 것이라 두 손을 모으고
자신에게 맹세를 할 뿐입니다.
제 이름과 주소를 말하고
'오늘도 열심히 하겠습니다' 하고 말이지요.
그리고 '내일까지 먹을 식량은 있으니
자원을 더 늘릴 수 있도록 열심히 하겠습니다.'
마지막으로 '이끄는 대로 따르겠습니다.'
이 세 가지를 꼭 소리 내어 말합니다.

가지고 있는 힘을 전부 다 쓰지만

흐름은 거역하지 않습니다. 심플한 신조입니다.

자기계발서를 읽고 영향을 받아 이런 기도를 하게 됐는데,

스물다섯 살 정도부터 50년 이상 꾸준히 하고 있습니다.

단순하지만 '스스로에게 기도하고 맹세하는 게 참 좋다'

이러한 느낌이 있어서 계속 하고 있습니다.

일이 도저히 잘 풀리지 않을 때는

저 자신에게 지고 있을 때입니다.

저 자신에게 지지 않기 위해서도 매일 아침 맹세를 하여

자세를 다잡는 것이 중요합니다.

그래서 시간이 촉박할 때도 절대 거르지 않습니다.

집에 와서 '다녀왔습니다'라고 말한 후에도 반드시

'오늘 감사합니다.

내일도 열심히 하겠습니다'라며

두 손을 모읍니다.

인생의 즐거움은 변한다.
그 나이에 맞는 즐거움을 맛보라.

오늘 하루에 집중해서 인생을 즐기는 것.
인간이 할 수 있는 일은 이게 최선이지 않을까요?

저는 일흔다섯이 되었는데, 되돌아보면
20대, 30대, 40대 등
그 나이대마다 즐거움이 바뀌어 왔습니다.
20대에는 여자 친구와 데이트하는 꿈만 꿨습니다.
30대에는 아이가 태어나니 키우는 재미가 있었습니다.
아이가 자라는 모습이 즐겁고 흥미진진해서
울음을 터뜨릴 때까지 정말 열심히 놀았습니다.
어릴 적부터 포수 방어복을 입은 채

날아오는 탁구공에 맞다니
아들들도 정말 가엾습니다.
'덕분에 야구가 싫어졌어'라며 하소연을 합니다.

40대부터는 일이 재미있어졌습니다.
아침부터 밤까지 일만 생각했습니다.
일을 하면서 즐거움을 찾는 것이 아니라
일 자체에 재미를 느끼게 되었습니다.
그때그때 모든 일에 최선을 다했고
그때에만 즐길 수 있는 일에 푹 빠져 있었습니다.
그래서 '그때 이렇게 할 걸'이라는
미련은 거의 없습니다.
이걸로 만족합니다.

인생은 결승 테이프의 연속.
죽기 10초 전에
'즐거웠다' 생각하고 싶다.

저에게 인생의 성공이란?

그렇게 생각하면 인생에서 이루고 싶은 목표는

원래부터 없었습니다. 젊은 시절부터 흐름에 몸을 맡겨

여기저기 생각지 못한 세계에 발을 들였습니다.

그러나 그때그때 만난 사람들에게 도움을 받아

마음껏 일을 즐겼습니다. 축복 받은 인생을 보냈습니다.

모든 일은 제 혼자 힘으로 한 것이 아닌

다른 사람들 덕분이니까,

목표는 제가 직접 결정해야지요.

작년에 데라다 창고의 사장이라는 역할을 어린 시절에

고헤이 군이라고 불렀던

창업자 제3대 데라다 고헤이 씨에게 넘기자고

결단을 내렸습니다.

그의 얼굴을 보고 '그는 벌써 이렇게 어른이 되었구나.

그리고 어느새 밖에서도 경영자로서 훌륭히 일을 하고 있어.

나보다 더 실력이 있을지도 몰라'라는

생각이 들었기 때문입니다.

회사의 사업 전환도 거의 완료된 시점이었고

'멋대로 내놓으라고 했으니

넘기는 시점도 내가 직접 결정해야지'하고

생각했습니다.

인생이 계속 달려야 하는 경주라면

결승 테이프를 끊는 순간 최고의 기분을 맛볼 수 있습니다.

그 순간은 몇 번이나 만들 수 있고,

그것은 자신에게 달렸습니다.

그 상쾌한 감동을 몇 번이고 맛본 후 죽기 10초 전에

'내 인생에서 달린 경주가 모두 최고였어' 하고

생각할 수 있다면 더할 나위 없겠지요.

모든 일은 인과응보.
책임과 각오와 희망을 가져라.

후세에 길이길이 이어질 소중한 가르침.

그중 제가 깊이 공감하는 것이

홍법대사 구카이의 사상입니다.

그중에서도 특히 '인과응보'가 마음에 와 닿습니다.

자신이 했던 일이 그대로 돌아오는 것.

잘 풀리든 잘 풀리지 않든

전부 자신의 행실이 부른 것입니다.

책임과 각오와 희망을 가질 수 있기 때문에

무척 좋아하는 말입니다.

구카이의 사상에 대해 더 깊이 배우고 싶어서

구카이를 테마로 한 학술회의도 계획하고 있습니다.
앞으로는 아시아에서 출발한 동방 사상이
세계를 움직이는 시대가 될 것입니다.

저 같은 경우는 구카이였지만 자신의 행동을
뒷받침하는 사상이 하나 있으면 좋을 수도 있습니다.
어렵게 생각할 필요는 없습니다.
여러 사람들의 말을 들어보고 '아, 와 닿는다'
'내가 느끼던 생각과 똑같다'
이렇게 공감을 표하는 것부터 시작해 보세요.
자신의 가치관을 스스로 정리하기란
정말 힘든 작업이지만
이미 사상으로 체계를 잡은 선조들이
아주 많기 때문에
그중 마음을 울리는 사람을 발견하면 좋겠습니다.

자연에게 부담을 주지 않는다.
원래 있어야 할 자세로 완결시켜라.

'T.Y.HARBOR'에서 식사를 할 때
주문하는 음식도 정해져 있습니다.
이것은 제가 마음대로 고집하는 메뉴인데
유기농 채소 샐러드와 스프로, 아주 심플합니다.
위장이 그렇게 강하지도 않고
저녁에는 회식이 많기 때문에 점심은 그 정도만 먹습니다.

머나먼 나라에서 굳이 수입한 고기나 제철이 아닌
과일은 좋아하지 않습니다.
음식은 자연이 주는 축복이기 때문에
자연에게 부담을 주면서까지

인간이 먹을 음식으로 만든다는 것 자체가
왠지 큰 죄를 짓는 듯한 기분이 듭니다.
채소도 쌀도 생선도 고기도 자신이 살고 있는 곳에서
4Km 이내에 자란 재료만으로
완결하는 것이 자연이지 않을까요?

제가 늘 주문하는 샐러드 채소는 외국에서 이주해 온
친구가 도쿄에서 기른 채소입니다.
모양도 투박하고 계절에 따라 종류도 제각각이지만
그 가지런하지 못한 모습이
몸에 더 좋다는 느낌이 듭니다.
계절의 변화를 느낄 수 있고 여름에 재배할 수 있는
오이에는 무더운 날에 필요한 미네랄이 들어있어서
영양으로 따져도 그게 맞다고 합니다.
'의식동원(醫食同源)'이라 불리는
동방의 음식 사상에 공감합니다.

더 나은 미래를 만들기 위한 시간에 에너지를 쏟아라.

"A씨가 퇴직 인사를 드리고 싶다네요.
시간을 얼마나 잡을까요?"
어느 날 비서가 물었습니다.
A씨는 69세 관리자입니다.
회사의 공로자이며 오랜 세월을 함께 했지요.
"10분이면 돼요" 하고 대답했습니다.
비서도 익숙하기 때문에
"네, 알겠습니다" 하고 대답했는데, 다른 사람들에게
이 이야기를 하면 '그렇게 짧게 해요?' 하며 놀랍니다.
아니, 저는 짧다고 생각하지 않습니다.
오래 알았기 때문에 필요한 대화는 10분 만에

다 나눌 수 있고, 제가 길게 이야기해 봤자
그의 미래에는 어떤 도움도 되지 않습니다.
저는 간단히 공을 치하하고 악수를 나눈 후
A씨를 떠나보냈습니다.

만약 그의 나이가 20대였다면,
제 대답은 바뀔 것입니다.
30분 혹은 1시간 정도 시간을 잡아서
도움이 될 만한 말을 하겠지요.
왜냐하면 미래가 있는 젊은이에게는
앞으로 쓸모가 있을 말을
조금이라도 전할 수 있지 않을까 싶기 때문입니다.
저는 더 나은 미래를 위한 시간에
에너지를 쏟고 싶습니다.

조바심 낼 필요 없다.
친구와 놀 날은 또 온다.

이제 서른이 된 일벌레 젊은이가
이런 고민을 털어놓은 적이 있습니다.
'일은 열심히 하는데
학생 시절의 친구를 만날 시간이 없어요.
제가 연락을 잘못하는 성격이라
이대로 멀어지지 않을까 싶어서 섭섭해요.'
저는 '걱정 마세요' 하고 웃으며 말했습니다.

어린 시절 친구들과 다시 만날 수 있는 것은
나이가 들고 나서입니다.
지금 제가 그런데 같은 세대 친구들은 모두 회사를 정년퇴직하고 시간이 남아돌아서 틈만 나면 모임 약속을 잡습니다.
저도 살짝 얼굴을 비치고는
대체로 30분에서 1시간 정도 있다가 빠져나옵니다.
너무 오래 있으면 추억 이야기를 반복하게 되니
제 성격에 맞지 않습니다.
그런 제 성격을 옛 친구들도 잘 알기 때문에
'그래, 또 보자' 하며 손을 흔들어 줍니다.
많은 동창회 중에서 1년에 한 번 참석하는 것이
근래 몇 년 동안 정해진 일처럼 됐습니다.

젊을 때는 일하랴 가족 챙기랴 정신이 없는 게 당연합니다.
다들 똑같을 테니 저도 '무정한 자식들'이라고
생각하지 않습니다.
한때 멀어졌다 하더라도
'서로 필요로 하지 않으니까'라고 생각하면 됩니다.
그것도 기간 한정으로 말이지요.
다시 만날 날을 끈기 있게 기다리면 됩니다.

다른 업종에 종사하는 활기찬
동년배 사람들과 교류를 이어가라.

사내 사람들하고만 어울리기를 가급적 피해 왔던
저에게는 젊은 시절부터 다른 업종에서 일하는
동년배 친구들과 만나는 시간이 참 소중했습니다.
27~28세 때 '아폴로'라는 공부 모임을 만들었습니다.
한 달에 한 번, 모토아카사카에 있었던 '요시하시'라는
스키야키 집에 모여서 정보를 교환했습니다.
회비는 아마 5천 엔이었습니다.
'5분이라도 늦으면 다음부터는 부르지 않는다'라는
규칙을 정해서 이 시간만은 꼬박꼬박 지켰습니다.

제가 만든 이 모임의 참가 멤버는 나중에 경제부 조폐국장,

증권회사 사장 2세, 지방 백화점 2세,

중견렌탈회사 부사장 등

꽤나 화려한 면면들이 되었습니다.

그리고 회비의 일부를 모아서

1년에 한 번은 해외여행을 갔습니다.

언젠가 중앙아시아로 여행을 갔을 때

아랍어 통역으로 같이 갔던 여성도 지금은 큰 활약을

펼치는 리더입니다. 얼마 전에 오랜만에 만났더니

'귀신인 줄 알았네!'라며 저를 보고 웃었습니다.

회사의 틀을 뛰어넘어 다양한 업계의 활기찬 동년배들과

친목을 다진 것은 정말 좋았습니다.

그 공부 모임은 이래저래 20년 이상을 이어나갔습니다.

그 멤버 중에 데라다 야스노부 씨

(현재 사장인 데라다 고헤이 씨의 아버지)도 있었습니다.

나중에 데라다 창고의 사장이 되겠다는 것을 이해해 준

그와 만난 것도 이 모임이었습니다.

훌쩍 들른 곳에
인생을 바꾼 만남이 있다.

제가 데라다 창고에서 일하게 된 인연은 46년 전
데라다 야스노부 씨와의 만남까지 거슬러 올라갑니다.
제가 주재했던 공부 모임의 멤버에게 건넨 제안이었지요.
어떻게 알게 되었냐고요? 제가 마음 가는 대로 산책을 하고
있었는데 우연히 그가 있었습니다.
제 친구가 선박 면허를 따러 갔을 때 일인데,
"옆자리에 앉은 남자가 꽤 재미있는 사람이었어.
집에서 데라다 창고를 경영하고 있대"라고 했던 말이
인상에 남아 있었던 것입니다.
히가시시나가와 연안을 회사 차로 달리고 있었는데, 문득
오른쪽에 '데라다 창고'라고 쓰인

건물이 눈에 들어왔습니다.

"저거구나. 가까이 왔으니 한번 들러볼까?" 하면서 핸들을

오른쪽으로 꺾어달라고 부탁하여 창고로 갔습니다.

차에서 내려 입구로 다가가자

사람이 서 있기에 말을 걸어 봤습니다.

"저기, 데라다 야스노부라는 분이 계시나요?"

"전데요" 그것이 첫 만남이었습니다.

갑자기 본인을 만나다니 정말 행운이었지요.

"제 친구가 이야기를 해서 한번 들러 봤어요.

여기까지 왔으니 창고 구경 좀 시켜주지 않으시겠어요?"

저도 이상한 사람이지만,

그 분도 이상한 사람이라 흔쾌히 승낙했습니다.

"우와, 꽤 지저분하네요"

이렇게 실례 되는 말을 하면서 안내를 받았지요.

그 후에 죽이 잘 맞아 친구가 되었습니다.

저와는 다른 부분에서 강한 고집을 갖고 있고,

믿을 수 있는 친구에게는

전부 다 맡길 수 있는 대범함을 겸비한 사람이라

어느새 형 같은 존재가 되어 있었습니다.

돈을 어디에 쓸지는
자신의 마음이 결정하게 해라.

돈은 별로 쓰지 않는다는 이야기를 앞서 했습니다.
'그럼 저축하나요?'라는
질문을 받는다면 대답은 'No'입니다.
저축은 옛날부터 하지 않는 주의입니다.
저 혼자 생활하는 데 필요한 최소의 현금만 남겨두고
나머지는 기부를 하거나 예술품을 구입하는 데 씁니다.
돈을 모아봤자
제가 죽으면 옥신각신 다툴 일만 늘어납니다.

기부는 40년도 더 전에 제가 27세 때부터 시작했습니다.
처음에는 동남아시아의 어린이들에게

교육 기회를 제공하는 단체에 했습니다.

그 당시에는 있는 돈 없는 돈을 다 긁어모아

매달 3분의 1정도를 기부했으니 상당히 지출이 컸습니다.

'나를 위해 돈을 쓰자'라는 생각을 버리면

타인을 위해 쓴다는 선택지가 늘어납니다.

저에게는 이쪽이 더 기분 좋습니다.

예술품 구입은 자산용 수집이 아니라

젊은 예술가들을 응원할 목적입니다.

학생이 하는 전람회에 불쑥 찾아가서

'이거 팔면 얼마야?' 하고 묻습니다.

작가에게 금액을 듣고 '10배 가격에 살게'라고 했더니

깜짝 놀라는 사람도 있었습니다.

누군가가 내민 '필수품'이 아니라

제 마음이 '가치가 있다'라고 느낀 것에

돈을 쓰고 싶습니다.

그런 감각이 있습니다.

정해진 평가에는 끌리지 않는다.
영혼이 담긴 작품을 사고 싶다.

저는 예술에 대해서는 완전한 초보지만

마음에 드는 예술품을

사는 걸 좋아합니다.

이미 정평이 나 있는 작가가 아니라

앞으로 세상에 나갈 예비 예술가나

학생이 만드는 작품에 더 끌립니다.

한 술 더 뜨자면 유명하든 유명하지 않든

그 작품에

영혼이 담겨 있는지가 중요합니다.

영혼이라는 말을 바꿔 말하면 '혼을 다하는 것.'

한 붓 한 붓, 일반인들은 정신이 아득히 멀어질 듯한

집중력이 보이는 정성스러운 그림을
제 곁에 두고 싶습니다.
쿠사마 야요이 씨의 물방울 작품이
이렇게 전 세계 사람들을 매료하는 이유는
그 세계에 말로 표현할 수 없는
영혼이 깃들어 있기 때문일 테지요.
예술은 좋아하지만
거기에 큰돈을 쏟지는 않습니다.
저는 백만 엔 이하 가격에
더러워져도 괜찮도록
가볍게 인테리어용으로 사는 것이 많습니다.
일상생활에서 예술을 더 즐길 수 있는
생활문화를 만드는 구조도
제가 앞으로 하고 싶은 일 중 하나입니다.

형태가 있는 것은 남기지 않는다.
형태가 없는 것은 얼마나 남길 수 있는가.

월급 10만 엔 받던 시절에 월 2~3만이나 기부를 했으니
저를 위한 저축을 할 여유가 없었습니다.
지금도 기부는 계속 하고 있습니다.
기부처는 여러 군데가 있는데, 태국 북부 등
아시아 지역에서 형편이 어려운 아이들을 지원하는 데
쓸 때가 많습니다.
평소에는 비행기 값에 가장 많은 돈이 듭니다.
다음으로는 의류를 사는 돈입니다.
옷을 현지에서 사니까요.
장수한다고 해도 앞으로 20년이나 25년 더 살겠지요.
오늘 쓰러져도 주변에 폐를 끼치지 않기 위한

현금만 남기고 나머지는 전부 기부하고 싶습니다.
자산도 심플하게 정리했습니다.
아들들에게 남길 자산도 거의 없습니다.
형태가 있는 것을 남기지 않아야 형제들이
우애 좋게 살아갈 수 있을 테니까요.

'형태가 없는 마음'이야말로 진짜 남는 것입니다.
이를 테면 아이를 꾸짖었을 때.
꾸짖는 것으로 끝나지 않고
왜 이렇게 혼이 나는지 설명을 하는 것입니다.
부하에게도 마찬가지입니다.
왜 이렇게 엄격하게 꾸짖는지, 그 '마음'도
한 덩어리로 같이 전하지 않으면 남는 게 없습니다.
형태가 없는 것을 얼마나 남길 수 있는가.
그것이 분명 인간으로서의 역량이 아닐까요?

여행은 계획 없이.
우연히 찾아온 만남이 최고의 가이드.

지금까지 방문한 나라와 지역은 130개국 정도입니다.

개인적으로도 해외여행을 좋아합니다.

제가 모르는 땅, 낯선 문화를 접하는 것은

역시 마음을 자유롭게 만들어 줍니다.

젊은이들에게 여행을 권장하고 싶습니다.

저 나름의 여행을 즐기는 법을 하나 들자면,

'계획을 하나도 세우지 않는 것'입니다.

여기까지 읽은 분들은 제가 왜 그러는지 이해가 되겠지만

저는 여행도 계획 없이 즐깁니다.

우선 비행기에서 내려 거리로 나가면 느낌이 좋아 보이는

카페에 들어가서
'이 근처에 괜찮은 레스토랑 있어요?' 하고
가게 사람에게 묻습니다.
'비싼 데로 알려 드릴까요?' 하고 물으면
'너무 비싼 데는 안 돼요. 그래도 그럭저럭 맛도 좋고
분위기가 좋아야 돼요' 라고 대답합니다.
이렇게 희망을 말하면 대부분 잘 가르쳐줍니다.

그리고 레스토랑에 가서 마음에 들면
'이 근처에서 제일 추천하는 호텔이 어디에요?' 하고
묻습니다.
센스가 좋은 요리나 인테리어를 제공하는 레스토랑에서
일하는 사람은 대부분 좋은 호텔을 압니다.
호텔 이름을 알려주면 '거기에서 자야겠다.
오늘 거기서 묵고 싶은데 미안하지만
예약 좀 해 주시겠어요?'하며 팁을 줍니다.
이튿날 점심도 그런 식으로 합니다.
이런 방식의 막무가내 여행이 재미있습니다.

고향에 묶이는 것도
환상일 뿐이다.

쉽게 버리지 못하는 것 중에 하나가 '고향'입니다.

태어난 지역과 거기에 얽힌 지연.

상속자로서 땅이나 집을 이어받는 부담감 때문에

괴로워하는 사람도 적지 않을 것입니다.

얽매일 필요는 없다고 저는 생각합니다.

애초에 '토착'이라는 개념이 왜 생겨났을까요?

역사를 돌아보면, 그것이 그 시대의 정치인들이 세운

시책에 불과하다는 사실을 알 수 있습니다.

예를 들면 에도시대의 도쿠가와 막부가 했던 토지 정책.

각지의 생산성을 유지하고 필요한 물품 이외의 것이

에도로 흘러가는 것을 막기 위해 토지를 주고

절 등에 지역의 분소(分所)적 역할을 만들었습니다.

개인이 땅에 집중하게 된 계기는

사람 관리와 생산 관리의 일환일 뿐이었을지도 모릅니다.

'뭐야, 그런 거였어?' 하는 생각이 들지 않습니까?

물론 집중해서 얻는 것도 있을 테지요.

그러나 어쩌면 잃는 것이 더 클지도 모릅니다.

예를 들어 땅에 묶여 있지 않다면

외국이든 어디든 자유롭게 날아갈 수 있으니까요.

전통 공예와 같은 정교한 물건 만들기에는 계승이 필수지만

그것도 '그 땅이 아니면 절대 안 된다'라는

법은 없다고 봅니다.

버리면 안 되는 것은 없습니다.

그러한 마음으로

일단 '당연한 것'들을 전부 의심해 보길 바랍니다.

지금 있는 장소를 버려라.
언제든 처음부터 시작해라.

사는 지역에 얽매이지 않습니다.

어디에서 살지도 흐름에 맡겨 결정합니다.

그런 가치관에 이르게 된 줄기를 따라가 보면

어렸을 적에

여기저기 옮겨 다녔던 경험이 컸던 것 같습니다.

1944년에 태어난 저는 가정의 사정으로

조부모님 손에서 자랐습니다.

본적은 도쿄에 있지만 태어난 곳은

아오모리 현 하치노헤 시 사메마치입니다.

초등학교 때 한 번 전학을 했고,

중학교 때 다시 아오모리로 갔습니다.

반 친구들이 쓰는 사투리를 전혀 알아듣지 못해서

홀로 남겨진 듯한 외로움을 느꼈던 기억이 있습니다.

그 후 대학은 지바로 갔기 때문에

다시 먼 거리를 이동했습니다.

도쿄에서 취업한 후로도 홍콩, 뉴욕, 파리 등

세계 도시에서 일했던 경험이 있기 때문인지

낯선 땅에 가는 것에 대한 저항이 없었습니다.

한 동네에서 고정된 인간관계를 쌓는

주민회 같은 발상도 전혀 없습니다.

'몽골 유목민족' 같은 생활이라고 할까요?

어차피 새로운 것을 한다면 지금 있는 곳에서 하기보다

새로운 장소에서 시작하고 싶습니다.

지금 있는 곳에서 시작하면 그곳에서 해왔던

일들에 영향을 받을 수도 있지 않습니까.

언제든 처음부터 출발할 수 있습니다.

그렇게 해야 더 좋은 결과가 나온다고 믿을 수 있다면

어디에든 갈 수 있습니다.

죽을 때까지 일하고 싶다.
나를 유지하기 위해.

저는 일벌레가 될 생각은 없지만

일을 하지 않으면

하루하루 재미가 없겠다는 생각을 합니다.

원래 칠칠치 못한 베짱이 같은 인간이라

일을 해서 사회에 발을 들여 놓지 않으면

독방 생활을 할 수도 있습니다.

웃자고 한 소리지만, 저는 자신을 유지하기 위해,

하루하루를 즐기기 위해 죽을 때까지 일을 하고 싶습니다.

게다가 일을 하지 않으면

누군가에게 생활을 기대게 됩니다.

가족이 아니면 나라에 신세를 져야 합니다.

그런 민폐는 끼치고 싶지 않습니다.

여든이든 아흔이든, 움직일 수 있는 몸과 마음이 있는 한

누구나 일을 해서 조금이라도 좋으니

세금을 내야 한다고 생각합니다.

일을 계속 할 생각이 있다면 '연금이 얼마 부족하다'라는

불안도 없어지겠지요.

연금은 덤으로 받는 것이라 생각해야 합니다.

많이 벌 정도로 열심히 할 필요도 없고

할 수 있는 일부터 시작하면 됩니다.

쌩쌩한 고령자가 자원해서 공원 청소를 하면

그 일을 했던 젊은이들이 다른 일을

시작할 수 있을 것입니다.

그런 작은 사회 공헌을 할 수 있는 노인들이 정말 멋지고,

저도 그렇게 되고 싶습니다.

앞으로 다가올 시대에 바라는 것.
신뢰의 문화권이 번창하는 미래로.

미래 예측은 저도 못합니다.

그러나 '이렇게 되면 좋겠다' 하는 바람은 있습니다.

바로 국경에 얽매이지 않고

문화로 느슨하게 이어지는 세계.

저는 역사나 지리를 좋아해서 책을 자주 읽는데,

세계 지도에 그려진 국경의 위치는 시대에 따라

얼마든지 바뀌어 왔습니다.

더 옛날로 거슬러 올라가면

국경이라는 개념조차 없던 시대도 있었습니다.

그렇다면 인간과 인간이 어떻게 연결되어

사회를 발전시켰을까요?

그것은 '문화의 공유'라고 생각합니다.

나라나 종교라는 속성이 아니라 개인의 신뢰로 이어지고

경이로운 자연에 대처하면서 같은 문화를 공유하는 사회.

'중국인은 이렇고 이탈리아인은 이렇다'

이렇게 속성으로 나누는 것은 난센스입니다.

세계 인구수와 똑같이 다양성이 존재하고

친구가 될 수 있는 조합은 무궁무진합니다.

개인의 가능성을 믿을 수 있는 세계로.

인터넷이나 블록체인과 같이

개인의 신뢰를 서로 확인할 수 있는

기술이 따라가고 있기 때문에

저는 희망을 가지고 있습니다.

저 자신도 그런 시대에 다가가기 위한

작은 촛불이 되길 바랍니다.

그 작은 불빛이 우리 자손들의 시대에

활활 타오르는 불꽃이 되기를.

희망의 불씨가 될 수 있는 존재가 되기를.

'정말 실존하는 인물?'이라는
의심까지 있었다

데라다 창고 광고 담당 　 **와키야마 아키코**

첫인상부터 정말이지 간이 떨어질 뻔했습니다.

외국계 기업과 광고 회사에서 광고 커리어를 쌓은 후 더 도전할 수 있는 직장을 찾아 데라다 창고의 채용 면접을 받은 것이 4년 정도 전입니다.

최종 면접에 늠름히 나타난 사람은 들었던 나이보다 훨씬 젊어 보이는 사장님이었습니다. 그 당시 데라다 창고는 외부에 알려진 것이 없어서 개혁의 선봉장이었던 나카노 씨도 베일에 싸여 있었습니다.

'정말 실존하는 인물인가?'라는 의심까지 있었을 정도입니다.

그래서 면접을 보게 되었는데, 저에 대한 질문은 거의 없고 '저는 대만에서 이런 일을 하고 있습니다'부터 시작하여 마지막에는 덴노즈를 예술의 거리로 바꾸고 싶다는 큰 뜻을 밝혔습니다. '최종 면접은 뭘 보고 당락을 결정하는 걸까?'라며 내심 신기하게 생각했습니다. 합격이 결정된 후, 인사부에 채용한 이유를 물어봤더니 '상대방의 눈을 피하지 않고 경청했기 때문'이라고 했습니다.

지금 생각해 보면 실로 나카노 씨다운 독특한 시험이었습니다.

'의지와 각오'가 있을 때는 믿고 지지해 주는 사람

입사하고 처음에는 데라다 창고의 인지도를 넓히기 위해 전략적인 보도자료와 언론의 취재를 먼저 얻어야겠다고 생각했습니다. 나카노 씨의 다이나믹한 수완으로 바뀌어가는 창고 공간이나 덴노즈의 거리 풍경은 새내기인 제가 봐도 정말 매력적이었습니다.

그런데 거기에는 큰 벽이 우뚝 가로막고 있었습니다. 다름 아닌 나카노 씨였습니다. '난 자랑을 좋아하지 않아. 보도자료는 최소한만 해도 되지 않아?'라며 상당히 소극적이었습니다.

이대로는 할 일이 없겠다는 생각이 들어 '반드시 성과를 낼 테니 시도해 보도록 허락해 주세요' 하고 결의를 다져 말해 봤습니다. 그러자 의외로 흔쾌히 맡겨 주었습니다. 결과적으로 노출 수가 크게 늘었고, 그 후에는 새로운 시도가 있을 때마다 보도자료를 내는 것이 사내에서 습관화됐습니다.

이 일을 계기로 사실 나카노 씨는 고지식한 경영자가 아니라 사원의 아이디어나 도전에 '의지와 각오'가 있을 때는 지지해 주는 사람이구나 알게 되었습니다.

타인과 같은 일을 하면 똑같은 결과밖에 나지 않는다

반대로 나카노 씨에게 참신한 PR전략을 제안 받고 눈이 확 트인 경험을 한 적도 있습니다. 2015년에 예술의 거리 덴노즈 아이루를 상징하는 뉴 플레이스로 그림 도구 실험실 '피그먼트 도쿄(PIGMENT TOKYO)'가 오픈했을 때입니다. 오프닝은 해외미디어만 초대하라는 나카노 씨의 지시가 있었습니다. 게다가 "비용은 전부 우리가 내겠어. 덴노즈 아이루에서 지낸 추억이 마음에 남도록 최선을 다하고, 기사를 게재하라는 강요도 하지 않을 거야"라는 조건을 붙였습니다.

저는 나카노 씨에게 "미디어 투어는 기사 게재를 전제 조건으로 했을 때 주최자가 비용을 부담하는 게 일반적이에요" 하고 '일반론'을 설명했습니다.

그러나 "왜 일반론을 따라야 하지? 남들과 같은 일을 하면 같은 결과밖에 나지 않아. 그건 재미없잖아"하고 보기 좋게 이론을 부수어버렸습니다.

저희는 '항공권, 숙박비, 체제비를 내고 게재는 자유'라는 좋은 조건으로 스물여덟 군데의 해외미디어에 초대 메일을 보냈습니다. 그러자 시설 오픈까지 3주일도 채 남지 않았는데 저명한 미디어 열두 회사에서 참가하겠다는 답장이 왔습니다.

그들이 체재하는 기간 동안에는 새로운 시설을 소개할 뿐만이 아니라 호텔에 도쿄 관광 명소 안내 맵이나 말차 디저트를 놔뒀고, 광고부의 감사 메시지를 곁들였습니다. 마지막 날에는 덴노즈에서 출발했다 돌아오며 운치를 즐길 수 있는 디너 크루즈도 체험하게 했습니다. 그렇게 완벽하게 대접했습니다.

만족스러운 듯 손을 흔들며 하네다 공항을 향하는 그들의 뒷모습을 배웅하면서도 '정말 이렇게 해도 될까?'라는 불안감이 있었지만, 그것은 괜한 걱정이었습니다.

각 미디어들이 훌륭한 기사를 세계에 퍼뜨려 주었기 때문입니다. 여기에 불이 붙어 수많은 해외미디어, 이어서 국내미디어까지도 취재 의뢰가 쇄도했습니다.

이른바 '나카노식 역수입형 광고 전략'입니다. 들어본 적 없는 접근이었지만, 언론에 기사 게재를 요구하지 않았기 때문에 더 큰 성과를 올린 것만은 틀림없었습니다. 이러한 감성이 정말 교묘하여 감탄했습니다.

기대에 부응하고 싶어지는 자석 같은 힘이 있다

당시에 나카노 씨가 계속해서 내는 참신한 생각들을 구현하기 위해 사원들은 분주하게 뛰어다녔습니다. 결코 편하지는 않았습니다.

나카노 씨는 번뜩 생각이 떠오르면 바로 실행하고 지시하지 않으면 직성이 풀리지 않는 성격을 갖고 있습니다. 이른 아침이나 늦은 밤, 신정에 가족과 한잔씩 하든 말든, 친구와 고기를 구워먹고 있든 말든 아랑곳하지 않고 전화를 걸기 때문에 리더들은 365일 24시간 업무용 핸드폰을 손에서 떼지 않고 갖고 있었습니다.

다들 '정말 못 말리는 사장이야. 적당히 좀 하지'라고 뒤에서는 말하면서도 어쩐지 자랑스러운 듯합니다. 왜냐하면 나카노 씨가 평소에 늘 입버릇처럼 말하는 '나는 능력 있는 사람한

테만 일을 부탁해'라는 이 마법의 말 때문입니다.

이 말이 있기 때문에 더 열심히 하는 것이지요.

'기대에 부응하고 싶어지는 자석 같은 힘'이 나카노 씨에게 있다고 생각합니다.

반면에 나카노 씨의 기대에 부응하지 못하고 결과가 열매를 맺지 못할 때도 있었습니다. 그럴 때 나카노 씨는 '알겠어, 어쩔 수 없지. 다음으로 가자' 하며 과거를 싹둑 잘라내고 즉시 미래로 발걸음을 옮깁니다.

'믿고 맡긴 이상 모든 책임은 나에게 있다'라는 것이 나카노 씨의 사업 신조입니다. 정말 시원시원합니다. 그리고 기대에 부응하지 못한 사원은 이런 나카노 씨의 자세 덕분에 힘을 얻고 '다음번엔 꼭!'이라며 강한 의지를 갖고 더 노력하게 됩니다.

타인을 움직이는 능력이 정말 탁월한 분이라는 생각에 새삼스레 감탄합니다.

'이렇게 해야 한다'라는 고집은 깨끗이 버린다

그런 나카노 씨는 75세라고는 생각하지 못할 만큼 에너지

넘치는 생활을 보내고 있습니다. 1년의 대부분은 해외에서 지내는데 무슨 일이든 속전속결, 디지털 기기들을 자유자재로 활용하기 때문에 멀리 떨어져 있다는 감각도 없이 우리의 업무는 아주 순조롭게 진행됩니다.

게다가 덴노즈 오피스에서는 스탠딩 데스크를 애용하고 있어서 하루 종일 서 있습니다. '계속 눌러 앉아 있는 사람보다 서 있는 사람한테 더 말 걸기 쉽잖아?'라는 이유를 들었는데, 확실히 그 효과가 컸습니다. 사내에서는 직책이나 고용 형태와 상관없이 '씨'를 붙여서 이름을 부르는데, 하루 종일 '나카노 씨, 나카노 씨' 하면서 상담하러 찾는 사원들이 끊이질 않습니다.

사장이 서서 일하고 나머지 사원들은 앉아서 일하는 회사가 더 이상하지 않나요?

위계질서가 없는 분위기는 사장이 자리에서 물러난 후에도 변함이 없습니다. 얼마 전에도 어떤 사원이 개인적인 일로 끙끙 앓고 있다가 엘리베이터에서 우연히 만난 나카노 씨에게 상담을 했더니 비서를 통해 바로 점심 약속을 잡아 줬다며 기뻐했습니다.

나중에 물어보니 그 점심 때문에 어떤 기업의 임원과 한 약속을 뒤로 미뤘다고 합니다.

지금 이 순간에 집중하는 것. 감성이 가는 대로 어디까지나 자유로이.

'이렇게 해야 한다'라는 고집은 깨끗이 버립니다. 그런 삶의 반복이 나카노 씨의 인생이겠지요.

꾸밈없이 올곧게, 심플하게

버린다고 하니 이 책이 세상에 나오게 된 경위를 이야기해야겠습니다.

나카노 씨의 책을 출판하고 싶다는 오퍼가 지금까지도 셀수 없을 만큼 왔지만, 그때마다 모두 거절했습니다. 나카노 씨가 전혀 흥미를 보이지 않았다는 단순한 이유 때문이지요. 받은 기획서들은 그의 경영개혁에 초점을 맞춘 것들뿐이었습니다. 실적을 과시하거나 눈에 띄는 것을 꺼리는 나카노 씨에게는 당연히 우선도가 떨어질 수밖에 없습니다.

그래서 디스커버 투엔티원의 하야시 다쿠마 씨에게 받은 기획서를 손에 들고 '출판 의뢰가 왔습니다' 하며 말을 꺼낼 때도 나카노 씨가 어떤 반응을 할지 쉽게 예상할 수 있었습니다.

늘 그렇듯이 1초 후에 "안해"라는 답이 날아왔습니다. 그런데 이번에는 한 번 더 말해 봤습니다.

"그럴 줄 알았어요. 그런데 이번에는 제목이 괜찮더라고요."

"그래? 뭔데?"

전부, 버리면.

커다랗게 쓰인 제목을 본 순간, 나카노 씨는 표정을 누그러
뜨리며 웃기 시작했습니다. 이 호쾌한 문구가 상당히 마음에
들은 모양이었습니다. 이어서 "비즈니스 요약이 아니라 인간
으로서 어떤 모습을 가져야 하는지 전하는 책을 만들고 싶어"
라며 서른 살의 젊은 편집자가 열정적으로 쓴 문장을 읽은 나
카노 씨는 "좋아. 하자" 하고 바로 결정을 내렸습니다.

"내가 내 이야기를 쓰는 건 잘 못해"라는 본인의 의향을 존
중하여 이야기를 받아 적는 방식으로 집필했습니다. 인터뷰를
하며 나온 말들이 나열된 교정쇄에는 우리가 평소에 겪어 온
나카노 씨의 모습이 고스란히 담겨 있었습니다.

꾸밈없이 올곧게, 심플하게. 첫 저서에 걸맞은 책이 된 것
을 한 사람의 부하로서 기쁘게 생각합니다.

와키야마 아키코(脇山亜希子)

무사시노음악대학을 졸업한 후, 이탈리아로 음악 유학을 떠났다. 귀국 후에 세계 제3위인 외국계 크루즈 오퍼레이터에 입사했다. 세일즈 마케팅, PR 경험을 쌓고 10년에 걸쳐 아시아권의 크루즈 인지도 향상에 힘썼다. 35세에 KDDI그룹의 광고회사로 이직하여 해외 전략부 마케팅팀 및 광고그룹의 리더를 겸임했다. 2015년에는 전략 광고 담당으로서 데라다 창고에 입사했다. 2017년 8월에 집행임원, 2018년 6월에 공익사단법인 일본 퍼블릭릴레이션협회 이사에 취임하여 현재에 이른다.

맺음말

어떠한 힘에 이끌려 흐름에 몸을 맡긴 채 살아 왔습니다.
그리고 많은 사람과 나눈 만남, 인연이
그 모든 것을 즐겁고 알차게 만들어 주었습니다.

다시 한번 느끼지만 인생이란 참 즐겁습니다.
돈도 필요하지만
그 돈을 어떤 마음으로 쓰는지가 더 필요합니다.

어떤 것에도 '정답'은 없습니다.
왜냐? 사실은 백만 분의 일도 저는 모르기 때문입니다.

대뇌(大腦) 안에 있는 정답을 고집하지 않고,
감성에 대한 확실함을 평생 추구하고 싶습니다.

모든 것에 감사하며 앞으로도 인생을 즐기고
매순간 꿈속을 거닐 듯이 보내겠습니다.
이런 저를 앞으로도 잘 부탁드립니다.

나카노 요시히사

「ぜんぶ、すてれば」(中野善壽)

ZENBU SUTEREBA

Copyright © 2020 by Yoshihisa Nakano

Original Japanese edition published by Discover 21, Inc., Tokyo, Japan

Korean edition published by arrangement with Discover 21, Inc.

through Japan Creative Agency, Tokyo and EntersKorea , Seoul.

전부, 버리면

1판 1쇄 발행 2020년 10월 30일

지은이 나카노 요시히사
옮긴이 김소영
발행인 최봉규

발행처 지상사(청홍)
등록번호 제2017-000075호
등록일자 2002. 8. 23.
주소 서울특별시 용산구 효창원로64길 6 일진빌딩 2층
우편번호 04317
전화번호 02)3453-6111, 팩시밀리 02)3452-1440
홈페이지 www.jisangsa.co.kr
이메일 jhj-9020@hanmail.net

한국어판 출판권 ⓒ 지상사(청홍), 2020
ISBN 978-89-6502-294-7   03320

이 도서의 국립중앙도서관 출판시도서목록(CIP)은 e-CIP홈페이지(http://www.nl.go.kr/ecip)와
국가자료공동목록시스템(http://www.nl.go.kr/kolisnet)에서 이용하실 수 있습니다.
(CIP제어번호: CIP2020042203)

*잘못 만들어진 책은 구입처에서 교환해 드리며, 책값은 뒤표지에 있습니다.